Martina Boetticher

Wir waren jung und unerschrocken

Skipper von Traditionsschiffen erzählen

Martina Boetticher

Wir waren jung und unerschrocken

Skipper von Traditionsschiffen erzählen

Bibliografische Information der Deutschen Nationalbibliothek: Die Deutsche Nationalbibliothek verzeichnet diese Publikation in der Deutschen Nationalbibliografie; detaillierte bibliografische Daten sind im Internet über http://dnb.dnb.de abrufbar.

© 2025 Martina Boetticher

Fotos: Martina Boetticher; Lebensgemeinschaft Eiderdrift (Seite 59)
Umschlagentwurf: Tjark Hansen

Verlag: BoD · Books on Demand GmbH, Überseering 33, 22297 Hamburg, bod@bod.de
Druck: Libri Plureos GmbH, Friedensallee 273, 22763 Hamburg

ISBN: 978-3-8192-2649-6

Inhaltsverzeichnis

Vorwort

Meer, Häfen und Segelschiffe mit hohen Masten haben seit jeher Menschen angezogen und sie begeistert. Seefahrt ist umweht von der Sehnsucht nach Freiheit und Abenteuer. Häfen üben eine magische Anziehungskraft aus mit ihrem Geruch nach Salz und Algen und dem Gewirr aus Masten und dicken Schiffsrümpfen. Seit Jahrhunderten ist diese Faszination geblieben, auch wenn sich die Bilder und Gerüche verändert haben. Der Geruch von Holzteer und Dieselöl und Schiffe mit hölzernen Masten, die die Welt gesehen haben, sind selten geworden.

Legenden ranken sich um die Zeit als sich mutige Kapitäne und Matrosen verzweifelt um das Kap Hoorn kämpften oder im Nordmeer Wale und Robben jagten. Aber es gab nicht nur die graziösen Windjammer und das große Abenteuer, sondern auch die kleineren Boote, die zum Fischen hinausfuhren, auf den Nordseeinseln die Post brachten oder Lasten auf Nord- und Ostsee von einem Hafen in den nächste und zwischen den Inseln transportierten.

Mit dem Aufkommen der Dampfmotoren ging es mit den gewerblichen Seglern schnell zu Ende. Die Fracht fahrenden Segelschiffe wurden umgebaut oder zur Seite geschoben und ihrem Schicksal in den hintersten Ecken der Häfen überlassen, wo sie langsam vor sich hin rotteten. Bis in den 70er und 80er Jahren des letzten Jahrhunderts ein paar Freaks sich daran machten, einigen von ihnen ein neues Leben einzuhauchen.

Es war die Zeit in der man sich auf das Alte besann. Nach Kriegsende wollte niemand mehr etwas mit der Vergangenheit zu tun haben. Das galt nicht nur für die Kriegserfahrungen sondern auch für alles was alt war, alte

Kleider, alte Möbel, alte Häuser, alte Schiffe. Zwischen 1945 und 1970 wurde mehr Bausubstanz durch Abrissbagger vernichtet, als die Bomben im Krieg geschafft hatten. Mit der Rückbesinnung auf den Wert dieser geschichtlichen Zeugnisse begann man, das was noch da war, zu retten und zu bewahren. Davon profitierten auch viele hölzerne und stählerne Schiffsrümpfe, die die Zeit überdauert hatten.

So entstand, wie Phönix aus der Asche, eine kleine Armada von maritimen Schönheiten mit Gaffelriggs und langen Klüverbäumen. An Bord sollte wie in alten Zeiten gelebt und gesegelt werden. Statt Toilette gab es einen Eimer, statt gut übersetzter Winden kam Körperkraft zum Einsatz. Junge Leute begeisterten sich für traditionelle Seemannschaft. Es wurde getakelt, gespleißt, kalfatert und gelabsalt. Schiffe unterschiedlicher Art und Größe wurden restauriert und wieder in Fahrt gebracht oder auch nachgebaut. Es entstand eine Bewegung, die sich auf die Fahnen schrieb, das maritime Erbe als Kulturgut wiederzubeleben und zu erhalten.

Im Kielwasser der Bewegung entstand auch ein Markt. Es wurden Zeitschriften herausgegeben, Michael Thönnessen machte aus dem Suchen und Tauschen von Zubehörteilen ein Geschäft und gründete in Hamburg die Firma Toplicht. Man organisierte ein Jahrestreffen der Szene in Flensburg und verabredete sich zur Rumregatta, die sich zum größten Gaffelsegler-Treffen Nordeuropas entwickelte. Seit 1980 treffen sich jedes Jahr am Wochenende nach Christi Himmelfahrt, weit über 100 teilnehmende Schiffe auf der Flensburger Innenförde zu einer Spaß-Regatta. Und es wurden an vielen Orten Museumshäfen gegründet, die alte Kaianlagen mit neuem Leben füllten und Schaulustige anlockten.

Traditionssegler, wie die Gaffelsegler inzwischen heißen, sind ein Markt geworden, sie sind wichtiger Teil maritimer Großveranstaltungen wie der

Hanse Sail in Rostock, des Hafengeburtstags in Hamburg oder der Kieler Woche. Es gibt Windjammerparaden, die tausende Schaulustige in die Städte locken. Mitsegelmöglichkeiten werden geboten, bei denen man dem Gefühl von Freiheit und Abenteuer nachspüren kann. Die alten Schiffe sind heute auch ein Tourismusmagnet.

Die Schiffe wieder in Fahrt zu bringen kostete viel Zeit, aber auch körperliches und finanzielles Durchhaltevermögen. Die meisten der Schiffsenthusiasten mussten die notwenigen Mittel für die Unterhaltung ihres Schiffes und für den eignen Lebensunterhalt irgendwie verdienen und boten Mitsegelmöglichkeiten für zahlende Gäste an.

Irgendwann dämmerte es den Eignern und Skippern, dass diese Mischung aus privatem Vergnügen und gewerblicher Seefahrt zu einem Problem werden könnte. Sie schlossen sich zusammen und bildeten 1989 die Gemeinsame Kommission für historische Wasserfahrzeuge (GSHW) als Dachverband. Gleichzeitig entstand die Arbeitsgemeinschaft der Museumshäfen (AGDM). Gemeinsam erarbeitete man einen ersten Entwurf für eine Sicherheitsrichtlinie, aus der Mitte der 1990er Jahre, in Zusammenarbeit mit dem Bundesverkehrsministerium und der See-Berufsgenossenschaft (See-BG oder später BG-Verkehr) die Sicherheitsrichtlinie für Traditionsschiffe entstand. In dieser Richtlinie ging es einerseits um technische Mindestanforderungen an die Schiffe, andererseits wurde aber auch festgeschrieben, dass Traditionsschiffe gemeinnützige Zwecke erfüllen müssen und nicht gewerblich fahren dürfen. Nach und nach wurden Prüfzeugnisse beantragt und ausgestellt. Das gab jeweils für fünf Jahre eine gewisse Sicherheit für das Schiff.

Fast fünfzig Jahre sind ins Land gegangen, seit die ersten Enthusiasten sich ans Werk gemacht haben. Wo anfangs die große Begeisterung war, ist mittlerweile Ernüchterung eingekehrt. Die Regeln und Vorschriften werden vielfach als Belastung empfunden. Der Rahmen ist eng geworden. Viele Skipper haben irgendwann aufgegeben, einige Schiffe sind untergegangen, einige Eigner inzwischen gestorben. Die Zahl der Traditionsschiffe, die an der Rumregatta in Flensburg teilnehmen, ist schon seit einigen Jahren rückläufig.

In Deutschland scheint es in der Regierung bisher niemanden zu geben, der sich für das maritime Erbe einsetzt. Seefahrt ist in Deutschland nicht wichtig. Solche Kommentare hört man immer wieder. Resignation ist weit verbreitet in der Szene. Die wenigen jungen Leute, Bootsmänner- und -frauen, Skipper, Mitsegler und Helfer versuchen noch, das Ruder herumzureißen. Aber neue Horizonte sind derzeit nicht in Sicht.

Es ist für die Eigner und Skipper von Traditionsschiffen eine Zeit des Umbruchs. Werde ich weitermachen oder aussteigen, mich zur Ruhe setzen oder einen Neuanfang irgendwo anders versuchen? Was wird aus meinem Schiff werden? Das sind Fragen die die meisten der hier zu Wort kommenden Seeleute, deren Schiffe in den Museumshäfen Flensburg, Kappeln und Eckernförde ihren Heimathafen haben, beschäftigen. Sie alle erzählen ihre Lebensgeschichte, berichten von ihrem Alltag, ihren Plänen, Sorgen und Hoffnungen und was es für sie bedeutet, ein Traditionsschiff zu erhalten.

Die Interviews entstanden über einen längeren Zeitraum hinweg, jeweils im Winter, wenn die Schiffe im Hafen oder in der Werft lagen und für die kommende Saison überholt wurden. Sie sind ein Zeugnis dieser Ära der Traditionsschifffahrt an der deutschen Ostseeküste und ein Rückblick auf eine Zeit der Freiheit und Abenteuerlust, die es so nicht mehr gibt.

Einmal Südsee und zurück
Hartwig

Ich besuche Hartwig, den Skipper und Eigner der *Pippilotta*, an einem recht warmen sonnigen Wintertag. Er hat mir erklärt, wie ich zu ihm komme. Ich habe trotzdem das Navi eingeschaltet. Dort wo er wohnt, in der Region Angeln in Schleswig-Holstein, weiß man nie, ob man ankommt. Die Landschaft ist manchmal verwirrend.

Die Tür des kleinen Backsteinhauses, in dessen Einfahrt eine Armada älterer Autos das Durchkommen schwer macht, steht offen. Ich klopfe an. Und da ist erst mal der große schwarze Hund, der mich bellend und schwanzwedelnd begrüßt, dann eine hochgewachsene Frau mit strohblonden Rastalocken, die sich als die Ehefrau vorstellt. Schließlich, nachdem ich mir die Schuhe und meine Jacke ausgezogen habe, kommt auch Hartwig. Mit einem strahlenden Lächeln reicht er mir die Hand. Schlohweiße Haare stehen etwas wild um den Kopf. Im linken Ohrläppchen glitzert ein goldener Ring. Er trägt ein dunkelblaues Kordhemd und Jeans.

„Komm herein in die gute Stube", sagt er freundlich und geleitet mich um mehrere Ecken in ein kleines Wohnzimmer, in dem der Ofen bullert. Die Sonne scheint herein und mein Blick fällt auf Bücherregale voller

Seefahrerliteratur. Eines ist gefüllt mit antiken dänischen Büchern, darunter die dickleibigen Werke von Achton Friis über die Dänischen Inseln, „de Danske Øer" und „Paradies an Backbord", des dänischen Reisejounalisten Arne Falk Rönne, das das Leben Hartwigs entscheidend mitbestimmt hat, wie ich noch erfahren werde.

Ich darf mich auf den „Thron" setzen, einen bequemen Ohrensessel und kaum sitze ich, legt Hartwig los und erzählt vom Treffen der Kaphorniers in Travemünde, von dem er gerade zurückgekommen ist. Vor 20 Jahren hat er, als Mitsegler auf dem russischen Großsegeler *Kershones*, Kap Hoorn umrundet. Auf der *Passat* wurde mal wieder die Erinnerung gefeiert. Die Großsegler begeistern den Skipper. Aber das ist etwas für den Ruhestand, sagt er, und der ist bei ihm noch lange nicht in Sicht. Er ist trotz seines fortgeschrittenen Alters noch mittendrin im Leben, mit seiner jungen Familie und seinem Dreimastgaffelschoner *Pippilotta*, mit dem er schon bis in die Südsee gesegelt ist. Trotzdem verkündet er selbstbewusst: Ich bin gerade Rentner geworden. Aber darüber wollen wir ja gar nicht sprechen, sagt er, ohne seinen Redefluss zu stoppen. Er ist ein begeisterter Geschichtenerzähler, den man nur ungern unterbricht. Nur die Tatsache, dass wir mit zwei Stunden zurechtkommen müssen, lässt mich doch eingreifen. Denn dann muss er seinen Sohn aus dem Kindergarten abholen. Ich bin hier, um seine persönliche Geschichte zu hören und zu erfahren, was ihn an Gaffelseglern bis heute fasziniert.

Hartwig kommt weder aus einer Schifferfamilie noch hatte er anfangs irgendeine Affinität zum Segeln. Aber er ist in Schleswig an aufgewachsen. Da waren die Schlei und der Segelclub quasi vor der Haustür und daher war ihm früh klar, dass er ein Boot haben wollte. Das erste war eine Jolle, die er gemeinsam mit seinem Bruder besaß. Die Segelleidenschaft hat ihn seitdem nicht mehr losgelassen.

Nach der Schule fing er eine Buchhändlerlehre an. Während der Lehrzeit wurden die Lehrlinge von einem Verlag zu einem Seminar eingeladen. Zum Abschluss kam ein dänischer Reisejournalist namens Arne Falk-Rönne, der seinen neuesten Reisebericht „Paradies an Backbord" mitbrachte. Jeder bekam ein Exemplar geschenkt. Der Autor war auf den Spuren der Bounty nach Pitcairn gereist. Hartwig realisierte da zum ersten Mal, dass die Geschichte der Bounty nicht nur ein toller Film oder ein Roman ist, sondern dass das alles wirklich geschehen ist. Die Erkenntnis, dass es diesen Kapitän und diese Meuterer tatsächlich gegeben hat, faszinierte ihn. Dabei hat sich dann die Idee in seinem Kopf festgesetzt, Pitcairn zu besuchen. Und ganz langsam ist, durch viele Abenteuergeschichten und Berichte über Seereisen, die er im Laufe der Zeit las, diese Idee gewachsen. Der Gedanke ist dann auch wieder verschwunden, aber er überdauerte ganz hinten in seinem Kopf Jahre und Jahrzehnte, bis er schließlich an die Oberfläche kam. Da war er sozusagen reif und wollte umgesetzt werden, meint der Skipper. Seine damalige Freundin sagte irgendwann, das machen wir. Das war der Startschuss. Von Rönnes Vortrag bis zu diesem Punkt, an dem die Segel für die lange Reise gesetzt wurden, war es aber ein langer Weg.

Von der Idee zur Tat

Nach der Buchhändlerlehre arbeitete Hartwig zunächst ein Jahr in Stuttgart. Aber das sei nichts für ihn gewesen, stellte er fest, denn da gab's kein Wasser. Kurzentschlossen zog er nach Hamburg und eröffnete einen Buchladen. Da war er dem Wasser schon ein bisschen näher. Als er fünfundzwanzig war, verkaufte er die Buchhandlung, die er mit viel Mühe und der Unterstützung seines Vaters, auch ein Buchhändler, aufgebaut hatte, schon wieder. In einem Alter, in dem andere gerade mit ihrer beruflichen Laufbahn beginnen, hörte er also wieder damit auf. Das Geld hat gerade so gereicht, um das erste kleine Schiffchen zu kaufen. Er zog an Bord und träumte. Aber es war ein erster Schritt, sagt er, den Traum auch zu leben. Denn von da an wurden das Schiff und das Ziel damit zu segeln, sein Lebensinhalt.

Dieses erste Schiff, die *Phönix*, war ein alter hölzerner Haikutter aus Dänemark, der zum Fischen gebaut worden war. Angefangen hatte es mit einer kleinen Anzeige im Hamburger Abendblatt, erzählt er. Die Anzeige hat er bis heute aufgehoben. Da stand: Fischkutter, zum Segeln geeignet. Das Schiff lag in Heiligenhafen. Der Fischer hatte aufgegeben, weil er krank war. Den Motor, das einzig Wertvolle, hatte er ausgebaut. Aber Hartwig störte das alles nicht. Er ging ans Werk. Erstmal musste ein Motor her. Da das Geld knapp war, blieb ihm nichts anders übrig, als eine Art Museumsstück zu kaufen, das ihm aber lange gute Dienste geleistet hat. Inzwischen steht dieser Motor tatsächlich in einem privaten Motorenmuseum.

Hartwigs Ziel war zu dieser Zeit relativ unbestimmt. Er wollte an Bord wohnen, dahin fahren, wo es ihn hinlockte und weiterfahren, wenn es ihm nicht mehr gefiel. So, dacht er, kann ich reisen, habe meinen Hausstand immer dabei und kann mich frei in der Welt bewegen. Nebenher musste er aber auch irgendwie seinen Lebensunterhalt mit dem Schiff verdienen.

Anfangs wollte er Fischer werden. Dieser Plan war allerdings schnell zu Ende, als er herausfand, dass man eine Ausbildung, Papiere und Zulassung braucht. Der nächste Plan war eine schwimmende Buchhandlung. Berufsgenossenschaft und Gewerbeamt sind an ihm fast verzweifelt und er an ihnen. Da er zu der Zeit weder einen festen Wohnsitz an Land noch ein Bankkonto hatte, wurde daraus dann auch nichts.

Was nun? Also nehme ich zahlende Gäste an Bord mit, sagte er sich, und fahre solange mit Gästen, bis ich mir das Schiff verdient habe und dann kann ich immer noch auf große Reise gehen. So war der neue Plan.

Natürlich ist alles ganz anders gekommen. Auf die *Phönix* passten gerade mal acht Gäste. Es gab aber bald Anfragen von größeren Gruppen und Lehrern, die mit ihren Schülern auf Klassenfahrt gehen wollten und dafür war sie viel zu klein. Außerdem wohnte Hartwig an Bord. Nur im Winter, wenn es zu kalt wurde, fand er Unterschlupf bei seinem Vater oder bei Freunden. Es war also gar kein Platz für die zahlenden Gäste.

So wurde schnell klar, dass ein größeres Schiff her musste. Woher bekommt man ein größeres Schiff, wenn man kein Geld hat? In Hamburg entdeckte er, nach einiger Suche, die *Petrine*, einen 20 Meter langen *Ewer*, ein Plattbodenschiff aus Stahl mit hölzernen Seitenschwertern. Sie war von Joachim Kaiser, der Schiffshistoriker, der sich bis heute für das maritime Erbe einsetzt, aus Dänemark nach Deutschland geholt worden. Eigentlich wollte ein Hamburger Reedereibesitzer *Petrine* für sich privat aufbauen. Der Reeder schwamm aber eines Tages als Leiche im Hamburger Hafenbecken. Sein Auto stand an der Pier, die Tür war offen, der Motor lief. Es war eisig kalter Winter. Möglicherweise hatte er sich dort mit einem Kunden treffen wollen. Jedenfalls sind die sich wohl nicht einig geworden und so hat er sein Leben dort beendet, meint Hartwig. Er hat dann das Schiff von den Erben übernommen. Das war 1983.

Petrine erschien ihm anfangs riesig groß. Und er fing wieder von vorne an, wieder fast ohne Geld. Mit seiner schwangeren Frau zog er die Kolben aus der Maschine. Seine Mutter kam regelmäßig mit ihrem Suppentopf nach Kappeln, wo er einen Liegeplatz gefunden hatte. Sie hat ihn und seine Frau und manchmal auch die anderen Helfer, ernährt, hat Staub gewischt, sauber gemacht und die Wäsche mitgenommen. Das sind wichtige Dinge, sagt der Skipper rückblickend. Man denkt, man muss nur schrauben und hobeln. Aber das ist nicht der Fall, weiß er. Man muss auch essen, trinken, schlafen und frische Socken an den Füßen haben.

Trotz aller Schwierigkeiten war *Petrine* schließlich soweit fertig, dass er damit in See stechen konnte, auch wenn alles nur halb und dreiviertel fertig war, wie er rückblickend konstatiert. Er segelte mit allen möglichen Gruppen, konnte an Bord wohnen, es gab genug Platz und sein Job machte ihm Spaß. Aber der Gedanke an die große Reise, an die Bounty und die Männer auf Pitcairn, tauchte immer wieder in seinem Hinterkopf auf, blieb aber lange diffus.

Nochmal ein neues Schiff

Als der Traum sich manifestierte und auch seine Freundin Feuer und Flamme für die Sache war, macht er Nägel mit Köpfen und suchte systematisch nach einem geeigneten Schiff für die große Reise, denn mit der *Petrine*, konnte man nicht um die Welt fahren. Welcher Schiffstyp ist für eine Weltumsegelung geeignet, fragte er sich? Logger sind hochseetüchtige Schiffe mit viel Tiefgang. Also sollte es ein Logger werden. Allerdings war auf dem Schiffsmarkt nirgends ein Logger zu finden. Aber schließlich machte ein Freund in Norwegen dann doch einen ausfindig.

Es war ein altes Ding und ziemlich kaputt. Das habe ich für einen Appel und ein Ei gekauft, erinnert sich Hartwig.

Bekommen hat er diesen Logger dann aber doch nicht. Es war nämlich einer der wenigen in Norwegen gebauten Logger. Nachdem entschieden war ihn zu kaufen und der Kaufvertrag schon unterschrieben war, bekam er Post vom norwegischen Kultusministerium. Es war ein ausführlicher Brief mit einer kurzen, eindeutigen Aussage: das Schiff bleibt hier, weil es norwegisches Kulturgut ist. Es darf nicht außer Landes gebracht werden. Es wird in Norwegen restauriert.

Glücklicherweise fand der Bekannte dann tatsächlich noch einen weiteren Logger. Selber Vertrag, selber Preis. Hartwig war gerade mitten in der Saison mit *Petrine* und hatte keine Zeit nach Norwegen zu fahren. Also rief er den Freund an und beschrieb ihm, was er mit dem Schiff vorhabe: Ich will damit nach Amerika und zurück. Es muss schon gut segeln, mindestens so, wie die Schiffe von Kolumbus. Das reicht mir. Hauptsache, wir kommen hin und zurück. Der norwegische Freund zog seinen Tauchanzug an, sprang ins Wasser und sah sich das Unterwasserschiff genau an. Danach rief er Hartwig in Deutschland an. Ja, das geht, war seine Einschätzung. Hartwig griff kurz entschlossen zu, ohne das Schiff vorher gesehen zu haben.

Ein paar Monate später fuhr er nach Norwegen, um sein neues Schiff anzugucken und auch gleich zu übernehmen. Ich wusste eigentlich gar nicht, was ich da gekauft hatte, erinnert sich Hartwig. Zunächst hielt er es für ein englisches Schiff. Aber als er die Papiere bekam, stellte sich heraus, dass es ein in Deutschland gebauter Logger war. Obwohl das Schiff ursprünglich nicht als Segelschiff konzipiert war, stand in den Papieren:

Segellogger mit Hilfsmaschine. Das lag daran, dass bis in die neunzehnhundertdreißiger Jahre ein Matrose in der Ausbildung Segelschifffahrtszeit nachweisen musste. Deshalb hat man Schiffe mit Motor, zusätzlich mit kleinen Segeln ausgestattet, um sie als Segelschiffe führen zu können. Den Motoren traute man noch nicht richtig.

Dann ging alles sehr schnell. *Petrine* wurde verkauft, das neue Schiff ausgerüstet und gleich im nächsten Jahr ging es los. Viele haben ihn für verrückt erklärt, meint Hartwig, nach so kurzer Bauzeit und mit fliegenden Leinen, wie er es ausdrückt, auf Weltreise zu gehen. Nichts war richtig fertig. Aber wenn man das nicht macht, kommt man nie los, ist er überzeugt. Viele Enthusiasten bauten über Jahrzehnte an ihrem Boot und gäben irgendwann auf, ist seine Erfahrung.

Geld hatte Hartwig für seine Schiffsprojekte immer wieder von der Bank bekommen. Das erste Darlehen holte er sich 1978. Dank seiner kaufmännischen Ausbildung, wusste er, was dort erwartet wurde und konnte einen vernünftigen Plan vorlegen. Natürlich hat keines der Darlehen je gereicht, nicht für *Phoenix*, nicht für *Petrine* und auch nicht für *Pippilotta*. Von den 38 Jahren, die Hartwig jetzt unterwegs ist, hat er 35 Jahre lang abbezahlt. Das ist eigentlich eine zu lange Zeit. Über ein Drittel Jahrhundert abschreiben ist kaufmännischer Unsinn, meint er selbstkritisch. Aber anders hätte ich es nicht hingekriegt, weiß er.

Während der Bauzeit von *Pippilotta* wurden alle Helfer mobilisiert, die aufzutreiben waren. Da waren auch Ali und seine Frau, die damals mit einem DDR-Kutter nach Kappeln gekommen waren. Hartwig heuerte die beiden an. Sie waren Koch und Saubermach- und Wegräum- und Ordnungsmach-Mitarbeiter. Jeden Mittag stand das Essen auf dem Tisch.

An Wochenenden oder wenn Ferien waren, arbeiteten manchmal fast zwanzig Leute mit. Da musste das Frühstück fertig sein, wenn alle morgens aufstanden. Das hätten wir ohne Hilfe gar nicht hinbekommen, erinnert sich Hartwig. Anfangs, meint er, war alles sehr chaotisch. Jeder machte, wie er es sich dachte und für richtig und wichtig hielt. Mal wurde gekocht, mal nicht, meistens nur Brot und Margarine und was drauf. Mit dem Abwasch war das auch nicht so einfach. Das funktionierte alles nur mit Ach und Krach. Aber diese Zeit, in der Ali mit seiner Frau die Versorgung übernommen hatte, beschreibt er als rund und sehr gut.

Aus diesen regelmäßigen geordneten Malzeiten erwuchs für Hartwig die Erkenntnis, dass Mahlzeiten eine wichtige Funktion in einer Gruppe haben. Die Essenszeiten sind der Zeitpunkt, an dem alle zusammenkamen. Während des Essens führte alle aber ständig Arbeitsgespräche. Es ging immer darum, was fertig war, was dringend zu machen war, wo Probleme lagen oder welches Material besorgt werden musste. Das Essen fand beinahe nebenher statt. Es war keine Arbeitspause, keine Entspannung oder Zeit zum Ausruhen. Als ihm das bewusst wurde, schlug er vor, dass während des Essens keine Fachgespräche mehr geführt werden sollen. Das ist seither eine heilige Regel an Bord, meint er. „Wenn wir zusammensitzen und essen, wird gegessen und hinterher oder vorher kann man alles andere machen."

Der große Logger wurde auf den Namen der Astrid-Lindgren-Figur *Pippilotta* getauft, das Beiboot wurde *Herr Nielson*.

Reise in die Südsee

Im Herbst 1992 ging es dann wirklich auf die ganz große Reise. Der Anfang war allerdings ein bisschen holperig. Der alte Motor ging kaputt und *Pippilotta* fuhr gegen die Brücke in Kappeln. Aber sie sind schließlich mit dem „bum-bum, bum-bum" doch noch in die weite Welt gefahren. Das beeindruckende, dumpfe „Bum-Bum" war der Sound des alten Glühkopfmotors, ein Wichmann-Motor, der heute in Dänemark, im Schiffsmotorenmuseum in Rödvig steht.

Es war eine spannende Reise mit allen Höhen und Tiefen, erinnert sich Hartwig. „Im Mai 1994 waren wir pünktlich zum Saisonstart wieder zurück. Mit Ach und Krach, zerfleddert und abgemagert, haben wir es geschafft." Im Rückblick war es trotzdem eine großartige Zeit.

Hartwig hatte festgelegt, dass *Pippilotta* am 15. November 1992 um 15.11Uhr in Kappeln ablegen sollte. Um 15.30Uhr öffnete sich die Brücke und gab den Weg frei in die Ostsee. Hartwig hatte sein Zimmerchen aufgelöst und nur noch auf diesen Punkt hin,gearbeitet. Anfangs fanden alle die Reise toll und waren begeistert. Alle wollten mitfahren. Als es dann wirklich losging, schrumpfte diese Menge auf acht Personen. Hartwig rührte die Werbetrommel, damals natürlich noch ohne digitale Netzwerke und Internet. Es gab einen Bekannten, der zu Hause das Büro machen wollte und der versuchte noch Mitsegler zusammen zu bekommen. Die waren wichtig um die laufenden Schiffskosten zu finanzieren. So eine Reise mit einem über 30 Meter langen Dreimaster, lässt sich schwer aus der Portokasse bezahlen. Aber es wurden letztendlich nicht mehr als acht Crewmitglieder.

Hartwig hatte sich durch die gesamte Seefahrtliteratur gearbeitet und nach den Erfahrungen der alten Seebären abgeschätzt, wie lange man für die einzelnen Etappen brauchen würde und welche Ziele man am besten ansteuert. Immer mit Wind im Rücken, bequeme Touren, keine exotischen Ziele, war der Plan. Auf dem Weg wollten sie natürlich Pitcairn besuchen. Und von dort weiter um die Welt.

Das nächste Problem gab es gleich in Cuxhaven. Drei Wochen wehte der Wind mit sechs Beaufort aus West. Sie lagen im Hafen und erledigten die nicht enden wollenden Restarbeiten. Ein Mitsegler ist dort schon wieder ausgestiegen. Es war ausgerechnet der, der schon einmal über den Atlantik gesegelt war und mit seiner seemännischen Erfahrung geprahlt hatte.

Hinter *Pippilotta* lag ein russischer Katamaran aus Aluminium an der Pier. An Bord waren russische Ingenieure, die erzählten, dass sie das Schiff aus einem abgestürzten Hubschrauber gebaut hätten. Sie wollten damit nach Amerika und dort arbeiten. Sie hatten kein Geld und durften nicht in die Stadt, weil sie keine Visa hatten. Von einem russischen Schiff bekamen sie ab und zu einen gefrorenen Fischblock. So lagen sie gemeinsam dort und warteten auf ein Loch im Wetter, um weiterzukommen.

Dann ging es nach Dover, von dort nach Lissabon, von Lissabon in einem Schlag zu den kanarischen Inseln wo zwanzig Gäste an Bord kamen, die über den Atlantik segeln wollten. Für Segler ist ein Atlantiktörn so etwas wie die Eiger Nordwand für Bergsteiger oder für Wanderer einmal durch die Wüste zu wandern, meint Hartwig. In der Karibik wollten alle wieder aussteigen und nach Hause fliegen.

Die Überfahrt lief ziemlich rund. *Pippilotta* lief unter Breitfock nicht schnell. Kolumbus hat für die Überfahrt dreiundzwanzig Tage gebraucht, die Crew aus Kappeln einen Tag mehr. Sie hatten nur ein kleines GPS-Handgerät dabei. Das musste man noch einstellen und ein paar Stunden warten, ehe es die Position hatte. Damals steckte das GPS-System noch in den Anfängen und die Geräte waren sehr teuer. Natürlich gab es auch einen Sextanten und Handbücher und Hartwig und seine Freundin hatten vorher einen Navigationskurs gemacht.

Sie kamen sie auf der anderen Seite des Atlantiks wohlbehalten an und setzten die vielen Mitsegler nach und nach ab. In Mexiko wurden sie festgehalten, weil ein Amerikaner an Bord war. In Barbados wurde Hartwig verhaftet, weil seine Bootsleute nachts im Beiboot durch den Hafen gerudert waren und das war verboten. Die Polizei dachte, sie wollten Drogen schmuggeln.

Als sie schließlich nur noch zu siebt waren, war eigentlich schon ein Punkt erreicht, an dem sie sich nicht mehr ganz sicher waren, ob sie weiterfahren könnten. Es war kein Geld mehr da, neue Mitsegler kamen nicht. Vor Panama musste eine Entscheidung getroffen werden, denn danach ist der Weg zurück schwierig. Sie entschieden sich weiter zu fahren.

Sechs Personen für die Wachen und der Skipper oben drauf. Das ist sehr wenig für ein so großes Schiff. Aber sie sagten sich, wir haben gute Technik, wir sind gesund, wir haben bessere Kleidung als die Leute früher und ein Schiff dieser Größe wurde damals auch nicht mit mehr als sieben Besatzungsmitgliedern gesegelt. Insofern sind wir besser ausgerüstet, als die alten Segler. Wir haben bessere Karten, genauere Navigation, bessere Medikamente. Wir sind besser. Wir sind von der Erfahrung vielleicht nicht besser, aber vom Equipment. Das waren die Argumente für die Fortsetzung des großen Abenteuers.

Im Panamakanal wurde es wieder schwierig. Die Authorities davon aus, dass sie, wie alle gewerblich fahrenden Schiffe, einen Agenten hätten, der alle Formalitäten regelt. Sie mussten wochenlang im Hafen warten, ehe die Kanalverwaltung die Durchfahrt endlich frei gab. Hartwig bezahlte 500$. Während der Wartezeit hatten sie sich ab und zu als „line handler" auf anderen Schiffen verdingt, d.h. sie halfen bei den Manövern in den Schleusen mit den Leinen. Jedes Schiff, auch Yachten, braucht vier sogenannte Leinenbediener.

Galapagos und Osterinseln

Auf der anderen Seite, im Pazifik, nahmen sie Kurs auf die Galapagosinseln. Man durfte dort allerdings eigentlich nicht an Land gehen. Also behaupteten sie, ihre Maschine sei kaputt und sie hätten keine Lebensmittel mehr an Bord. Das klappte. Es war ein Glück, dass sie lange vorher schon Kontakt zu Henry aufgenommen hatten. Hartwig war Mitglied im Trans-Ocean-Verein, der überall auf der Welt Stationen hat und alle mögliche Unterstützung bietet. Henry auf Galapagos war bekannt. Er hatte dort eine Bar und lebte schon Jahrzehnte dort. Er sorgte dafür, dass *Pippilotta* Papiere bekam und drei Tage bleiben durfte.

Die Galpagosinseln waren längst ein großes Tourismusziel. Galapagos gehört zu Ecuador und ist das reichste Bundesland des Staates. Die Touristen durften sich nur in einem bestimmten Bereich aufhalten und mit einem Guide an Land gehen. Man konnte einige Teile zu Fuß abwandern oder eine Bootstour zu den Inseln buchen. Die *Pippilotta-*

Crew war überrascht, dass die Inseln so touristisch durchdrungen waren. Sie hatten mit einsamer, wilder Natur gerechnet.

Im Haupthafen gab es Banken und Hotels und mehr Touristen als Einwohner. Die Segler stürzten sich in alles, was sich ihnen bot. Sie fuhren mit dem Beiboot in entlegene Ecken, schwammen mit Walrossen um die Wette, beobachteten die großen trägen Schildkröten, saßen mit Blaufußtölpeln an der Klippe, und sahen ihnen dabei zu, wie sie runtersprangen und erspähten Warane.

Der Weg führte weiter zu den Osterinseln bei ziemlich viel Wind, aber zum Glück aus der richtigen Richtung. Sie seien da einfach runter gedonnert, so Hartwig. Die Osterinseln sind Vulkaninseln, die besonders durch die großen Statuen bekannt sind, die Thor Heyerdal zu seinen Floßabenteuern angeregt haben. Es gibt einen Hafen und zwei Ankerbuchten.

Zu der Zeit, als die *Pippilotta* dort ankert, drehte ein amerikanisches Filmteam gerade den Film ‚Rapa Nui'. Die Filmleute rannten überall herum. Jedes Mal, wenn sie dort filmen wollten, wo *Pippilotta* gerade ankerte, riefen sie an Bord an oder meldeten sich per UKW-Funk. Ihr müsst weg, hieß es dann. Wir wollen genau da filmen. Der Film spielte vor einigen hundert Jahren, in den historischen Urzeiten dieser Insel und da darf ein Schiff wie *Pippilotta* nicht zu sehen sein, auch wenn es ein alter Dreimaster ist. Aber wenn man sich den Film heute anguckt, dann wird man entdecken, dass doch irgendwo die Mastspitzen von *Pippilotta* im Bild sind, freut sich Hartwig. Da haben sie nicht aufgepasst. Der Film war eigentlich blöd, meint er. Irgend so eine Liebesgeschichte.

Auf der Insel gab es ein paar Fischer, die am Wasser wohnten und die die Crew einluden mit ihnen zu essen. Das war der erste Kontakt mit Menschen die dort lebten. Bei ihnen war nichts Touristisches und das begeisterte die *Pippilotta*-Crew. Dann wollten sie natürlich auch die großen bekannten Steinfiguren aus der Nähe sehen. Also machten sie sich auf den Weg. Die Sonne ging unter, der Mond kam hoch und schließlich standen sie gemeinsam stumm und ehrfürchtig in dem heiligen Areal. Einer aus der Gruppe beschloss die Figuren mal anzufassen. Er ging hinten um sie herum. Als er wieder zum Vorschein kam, lachte er laut. Es stellte sich heraus, dass es Film-Attrappen waren, die für die Dreharbeiten als Kulisse aufgestellt worden waren. Die Echten fanden sie später auch noch, aber ihnen wurde auch bewusst, dass man in dieser Welt seinen Augen nicht mehr unbedingt trauen kann.

Es war ziemlich kompliziert dort zu ankern. Es geht nur auf einem kleinen Plateau direkt vor dem Ort. Dort ist man noch außerhalb des Brandungsbereiches mit einer Wassertiefe von fünfzig Metern. Dann kommen die Bewohner des Dorfes in offenen Motorbooten rausgefahren und man wird abgeholt. Oder man hat selber ein gutes Schlauchboot, mit dem man durch die Brandung fährt und in ein kleines Hafenbecken gelangt. Da ist Platz für ein paar Gummiboote und offene Fischerboote. Die Marine hat ein kleines Bötchen dort liegen. Für mehr ist kein Platz. Es gibt keinen richtigen Hafen. Es ist nicht möglich, mit einem großen Schiff irgendwo anzulanden. Ringsherum gibt es mehr oder weniger nur senkrechte Felsen.

Einmal verhakte sich der Anker der *Pippilotta* hinter einem Stein und sie mussten tauchen, um ihn loszukriegen. Die Flunken hatten sich total verbogen. Heute liegt er als Andenken in Hartwigs Garten. Vier oder fünf

Tage blieben sie auf den Osterinseln, ehe sie schließlich weiter segelten, denn sie hatten für Tahiti Freunde eingeladen. Die wollten rüberkommen. In Deutschland war inzwischen Sommer und es waren Semesterferien. Sie hatten also ein festes Datum an dem sie in Papete sein mussten.

Tatsächlich auf Pitcairn

Auf dem Weg nach Tahiti kamen sie an Pitcairn vorbei. Hartwig wollte seinen alten Traum verwirklichen und mit Tom Christian, dem Urururururenkel von Fletcher Christian, Anführer der Meuterei auf der *Bounty*, einen Tee trinken. Das habe er auch gemacht, sagt er stolz. Schon lange vor ihrer Ankunft waren sie von den Inselbewohnern gesichtet worden. *Pippilotta* nahm Funkkontakt auf und erklärte, dass sie auf der Insel anlanden wollten. Es gibt dort nur einen Platz, auf dem man gut ankert und von wo aus man mit dem Dinghi durch die Brandung fahren kann. Die Inselbewohner kamen mit vierrädrigen Quads ans Wasser runter und dirigierten das Schlauchboot. Sie konnten von Land her die Brandung besser einschätzen. Das war vom Schiff aus ungeheuer schwer zu beurteilen.

Der Kontaktmann an Land gab über Funk das Signal und dann ging es mit dem Schlauchboot mitten rein in die Brandung. Es gab nur ein kleines Loch, durch das man mit dem Gummiboot überhaupt rankam. Hartwig verbrachte eine Nacht an Land und lernte Tom Christian kennen. Sie tranken Tee und Christian fragte, ob sie elektrische Werkzeuge hätten, Bohrmaschine, Flex und so was. Er benötigte die gerade, um irgendetwas zu arbeiten. Die Gäste konnten aushelfen.

Tom Christian war damals so um die fünfzig Jahre alt. Er war der König der Insel. Er war oft in Neuseeland gewesen, hatte viel für die Insel und die Bewohner geregelt und organisiert, da Pitcairn von Neuseeland verwaltet wird. Christian und sein Besucher hatten sich viel zu erzählen und anschließend kaufte Hartwig ein paar Souvenirs, eine Kanonenkugel und ein paar Kupfernägel von der *Bounty*. Das war damals noch möglich. Später wurde der Verkauf gestoppt. Es gibt inzwischen ein kleines Museum und es darf nichts mehr von der Insel weggebracht werden.

Wir sind nur noch zu sechst

Hartwig hatte damit das eigentliche Ziel seiner Reise erreicht. Danach ging es weiter nach Tahiti. Sie waren inzwischen nur noch zu sechst, weil eine Mitseglerin mit dem weiten Meer nicht klargekommen und auf Galapagos ausgestiegen war. Das offene Wasser hatte sie erschreckt, weil man jeden Tag rundherum nur den Horizont sieht. Sie hat schließlich einen Koller bekommen, meint Hartwig. Ihr Vater hatte eine kleine Schleppreederei in Hamburg. Er hat ein Ticket geschickt und sie ist nach Hause geflogen. Es wurde eine ziemlich teure Heimreise.

Mit der kleinen Besatzung war die Weiterreise nicht leicht. Das Schiff schlingerte die ganze Zeit hin und her. Man konnte niemals eine Tasse irgendwo stehen lassen, weil alles runterfiel. Da sie so wenige waren, musste immer einer alleine Wache gehen, damit alle abwechselnd genug Ruhe und Schlaf bekamen. Es gab an Bord keinen Steuerautomaten. Rund um die Uhr, tagelang und wochenlang musste jemand am Ruder stehen und steuern. Trotzdem gelang es, den Tagesablauf so zu organisieren, dass wenigstens einmal am Tag alle gemeinsam wach waren und irgendeine Kleinigkeit gemeinsam machten, kochen, einen Kuchen backen, oder irgendetwas. Schlafen, Körperhygiene und Zähneputzen waren ansonsten das Wichtigste. Das Trinkwasser wurde knapp, es gab keinen Wassermacher an Bord. Jeder bekam alle zwei Tage zwei Liter Wasser zum persönlichen Gebrauch. Das reichte entweder für eine sehr kleine Dusche oder zum Sockenwaschen.

Tahiti – wie geht es weiter?

Tahiti war ein teures Pflaster. Tausend Dollar am Tag kostete es an der Kaimauer zu liegen, um zerschlissene Segel zu reparieren, Proviant zu kaufen und für alle beim Amt ein Pfandgeld abzuliefern für den Kauf einer Rückflugkarte nach Frankreich. Jeder der als Tourist auf die Insel kommt, muss sein Rückflugticket in der Tasche haben. Wer mit einem Schiff kommt, muss eine entsprechende Summe bei der Obrigkeit hinterlegen, damit niemand auf der Insel strandet und dann möglicherweise dem Staat finanziell zur Last fällt.

Das Problem dabei war, dass die Summe, meistens amerikanische Dollars, zunächst in Tahiti-Franc gewechselt werden mussten. Bei der Ausreise wurde sie dann zurückgewechselt. Dadurch gab es zweimal Wechselgebühren und Kursverluste. Ungefähr zehn Prozent verlor man mindestens. Die *Pippilotta*-Leute hatten ohnehin nicht genug Geld und konnten das nicht bezahlen. Also versuchten sie die Sache etwas hinauszuzögern. Als man ihnen schließlich ans Fell wollte, warfen sie die Leinen los und flohen zu den nächsten Inseln. Sie kamen so auf einige der schönsten Südsee-Inseln. Natürlich besuchten sie Bora Bora, die nach Hartwigs Meinung, allerschönste Lagune in der Karibik. Sie waren auch auf jener Insel, auf der Graf Luckner im ersten Weltkrieg sein Schiff auf die Klippen setzte und anzündete, damit es dem Feind nicht in die Hände fallen konnte. Die Crew der *Pippilotta* tauchte zum Wrack und Hartwig nahm ein Glied der Ankerketten als Souvenir mit. Ich nehme jedenfalls an, dass es tatsächlich Graf Luckners Ankerkette war, meint er einschränkend.

Doch keine Weltreise

Nächster Stopp war Rarotonga auf den Cookinseln. Danach sollte es Richtung Australien und Neuseeland gehen. Dort war die erste Pause wegen Hurrikan und Taifun eingeplant. Erst nach drei oder vier Monaten wäre dann die Weiterreise möglich gewesen.

Aber genau da schoss der heimatliche Bankdirektor seine letzte Patrone ab, wie Hartwig sagt. So, Schröder, jetzt sofort nach Hause kommen, stand in dem Telegramm aus Deutschland. Ich habe bisher immer die Dollars geschickt. Die musst du endlich mal zurückzahlen. Also war die Parole für die *Pippilotta*: so schnell wie möglich nach Hause fahren, Geld verdienen! Und das war auch genau der Zeitpunkt, an dem fast alle ausgestiegen waren, weil Ferien oder Urlaub vorbei waren. Auf Rarotonga landete der Flieger von Australien nach Amerika. So konnten von dort alle über die USA nach Deutschland fliegen. Und da waren sie nur noch zu Dritt auf dem großen Schiff und *Pippilotta* musste nach Hause, um *Pippilottas*, und Hartwigs Konkurs zu verhindern.

Es stellte sich in dem Augenblick aber doch die Frage, welche Option die bessere wäre: die Reise um die Welt fortsetzen oder zurücksegeln. Sie waren ja schon ziemlich weit herumgekommen. Aber die Rückreise war für den Schiffseigner eindeutig die bessere Option. Auf dem weiteren Weg nach Westen wären sie in Deutschland erst zum Jahresende angekommen.

Die Segelsaison fängt dann aber erst im Mai an. Das hätte bedeutet, noch mehr als ein Jahr ohne Einnahmen zu sein. Der Weg zurück war kürzer. Da gab es allerdings das Problem, dass der Wind von vorne kam, und die Strömung ebenfalls. Trotzdem entschied sich Hartwig für den Weg zurück.

Wir kehren um

Die Fahrt gestaltete sich schwierig und sehr anstrengend. Zum Glück kamen doch noch ein paar neue Mitsegler dazu. Aber sie hatten kaum noch Lebensmittel an Bord, kaum noch Diesel, kein Öl für die Maschine. Alles war wirklich ganz und gar am Ende.

Von Rarotonga segelten sie, bis sie vierzig Grad Süd erreicht hatten, die Roaring Forties, und von dort mit der Westwinddrift zur amerikanischen Küste, um dort auf den Südostpassat zu treffen, der sie wieder nach Norden bringen sollte. Auf diesem Halbkreis machten sie nochmal Station auf Pitcairn und auch auf der Osterinsel.

Auf dem Weg von der Osterinsel nach Galapagos sind sie dann im wahrsten Sinne des Wortes beinahe verhungert. Sie hatten kein Geld, nichts zu essen und keinen Wind. Das Besansegel war ebenso zerrissen, wie das Klüversegel. Die Toppsegel wurden provisorisch als Klüver gesetzt. Der Schiffsrumpf war unter Wasser zugewachsen und dadurch sehr langsam. Je näher sie dem Äquator kamen, desto weniger Wind hatten sie, desto stärker versetzte der Äquatorialstrom sie nach Westen. Sie segelten also ganz allmählich einen Bogen nach links und waren kurz davor im Nirgendwo zu verschwinden.

Über Kurzwelle hatten sie ständig Funkkontakt mit verschiedenen Schiffen und nahmen so auch wieder Kontakt zu Henry auf, den sie fragten, was sie machen könnten. Es war ein Hilfeschrei. Wir kommen nicht weiter, bei uns geht nichts mehr, riefen sie verzweifelt. Er versprach zu überlegen, was er tun könne. Ein Fischer war in der Nähe, fuhr aber weg ohne ihren Funk-Ruf zu reagieren. Sie trafen auf einen zweiten Fischtrawler, der gerade seine Netze einholte. Er war von kilometerlangen Netzen umgeben. Sie hofften, dass sie von ihm etwas Maschinenöl und ein paar Nahrungsmittel bekommen würden. Sie brauchten dringend Schmieröl für den Motor. Aber der Trawler reagierte nicht auf ihren Funkruf. Hartwig vermutete im Nachhinein, dass *Pippilotta*, wegen der grünen Farbe, vielleicht für ein Greenpeace-Schiff gehalten wurde, das beobachten wollte, ob in einer Verbotszone gefischt wird.

Zu guter Letzt hat es dann doch geklappt, sie bekamen fünfzig Liter Schmieröl und der Skipper des Trawlers ihre letzten fünfzig Dollar. Dann meldete sich Henry, um zu berichten, dass er Kontakt zu einem Kreuzfahrer aufgenommen hätte. Die kommen runter zu euch, rief er freudig in den Äther.

Nahe Galapagos war ein kleineres Kreuzfahrtschiff unterwegs. Das war zu dem Zeitpunkt etwa 400 Seemeilen von ihnen entfernt und hatte sich bereit erklärt seinen Kurs nach Süden zu ändern, um *Pippilotta*, die nach Norden segelte, entgegenzukommen. So liefen beide Schiffe aufeinander zu, das eine mit sechs, das andere mit zwölf bis fünfzehn Knoten. Nach drei Tagen trafen sie sich.

Die *Pippilotta*-Crew dachte inzwischen nur noch an Essen und an kühle Getränke. Als die Schiffe in Sicht kamen riefen sie über Funk den

Kreuzfahrer an. Könnt ihr uns vielleicht ein Sixpack Bier mitbringen, fragten sie vorsichtig an, wir würden uns riesig freuen. Wollt ihr Becks oder Jever, wurde zurückgefragt. Und dann vielleicht noch ein Päckchen Zigaretten dazu, das wäre der Himmel auf Erden.

Was habt ihr denn überhaupt noch an Bord, wollten die Leute auf dem Kreuzfahrer wissen. Na ja, wir haben nur noch rote Bohnen, gaben sie zu. In der Südsee hatten sie aus Militärbeständen einen erheblichen Bestand an roten Bohnen günstig gekauft. Drei Tage in der Woche gab es daher rote Bohnen. Montags, mittwochs und freitags, immer rote Bohnen, mal als Bratlinge, mal als Auflauf oder als Suppe. Wir waren weltbekannt als Rote-Bohnen-Schiff, meint Hartwig rückblickend. Eine Dose hat er zur Erinnerung mitgebracht. Die ist irgendwann explodiert.

Sie wurden gefragt, wie viele Personen an Bord seien. Schließlich landete ein Sack Lebensmittel an Deck. Darin waren für drei Tage und sieben Personen Frühstück, Mittag und Abendbrot. Mit Streichhölzern, mit Kerzen, Servietten und allem Drum und Dran. Das war die Rettung und es war wunderbar.

Drei Tage später kamen sie auf Galapagos an. Dort waren drei Schiffe dieser Reederei zusammen und es wurde auf einem der Schiffe gefeiert. Die Crew ging hinüber, um sich für die Hilfe zu bedanken. Als sie die Tür auf öffneten, spielte die Musik einen Tusch. Und hier kam die kleine *Pippilotta*-Crew zu den 150 Touristen in den Saal. Sie wurden aufgefordert von ihrer Reise zu erzählen und wie sie in diese missliche Situation geraten waren. Der Kapitän hatte Geburtstag, sie gratulierten ihm. Ich kann euch leider nicht zum Essen einladen, sagte er freundlich.

Wir haben ein volles Schiff, die Tische sind alle besetzt. Aber ihr könnt euch an die Bar setzen und etwas trinken.

Hartwig ging anschließend ins Reedereibüro und fragte, was ihn die zwölf Stunden Hin- und zwölf Stunden Zurückfahren kosten würde. Das kannst du sowieso nicht bezahlen, sagte der Mann dort. Du bezahlst den Sack mit dem Essen. Das ist alles. Dieses Mal haben wir dir geholfen. Das nächste Mal hilfst du jemand anders. Es war eine Hilfe unter Seeleuten. Die Rettung aus Seenot, wie man sie heute nicht mehr unbedingt erwartet.

Dann ging es weiter zum Panamakanal. Dort gab es schon wieder ein Problem. Plötzlich sollte die Durchfahrt 1000 Dollar kosten, die die Crew natürlich nicht hatte. Auf der Hinfahrt hatten sie die Hälfte bezahlt. Hartwig diskutierte mit der Sekretärin, präsentierte ihr die alte Quittung, versuchte es auf die Mitleidtour. Aber sie blieb bei ihrem lakonischen „no money, no passage". Fertig! Geht doch um Kap Hoorn, wenn ihr die Kanalpassage nicht bezahlen könnt sagte sie. Aber dann kam glücklicherweise der Manager. Der nahm die Rechnung strich den Preis durch und schrieb 500 Dollar hin. Ihr geht so durch, wie ihr hergekommen seid, sagte er entschieden.

Nachts fuhren sie endlich durch den Kanal, obwohl das eigentlich für Yachten nicht erlaubt war. Die fahren tagsüber in zwei Etappen. Aber aus irgendeinem Grund wurden sie abends um sieben bei Sonnenuntergang vom Lotsen abgeholt. Der Lotse war Amerikaner, war mit dem Flieger aus Florida gekommen, hatte eine Party hinter sich und war müde. Er lehnte sich in seinen Stuhl, meinte sie seien ja schon mal in die andere Richtung durchgefahren, dann würden sie auch den Weg zurück finden. Dann legte er sein Funkgerät weg und schlief ein. Der Panamakanal ist kein Kanal im eigentlichen Sinn. Das ist viel freie Natur. Man hat das Gefühl, über einen großen Stausee zu fahren. Rundherum gibt es Urwald, Bäume und Affengeschrei. Die Schiffe fahren wie auf einer Perlenschnur und *Pippilotta* mühte sich, mit ihrem alten Motor mit den anderen Schritt zu halten.

Wieder im Atlantik

Als sie auf der Atlantikseite ankamen war es bereits Januar geworden, die Zeit des stärksten Passates. Das hieß wieder Wind von vorne, Oberflächenströmung von drei Knoten, die reinläuft, die um die Ecke zum Golf von Mexiko dreht und sich ganz langsam zum Golfstrom entwickelt. Drei Wochen warten, keine Leute, kein Geld, kein Rauskommen. Die Crew wurde immer nervöser. Sie wollten endlich weiterkommen.

So fuhren sie eines Morgens einfach los, bogen nach links Richtung Mittelamerika ab, schrappten gerade so an der flachen Küste vorbei und segelten nach Mexikos Isla Mujeres, wo ein paar Freunde an Bord kamen. Nach kurzem Stopp in Havanna ging es ohne Seekarten rüber nach Bermuda. Eigentlich war der Plan gewesen, an der amerikanischen Küste nach Norden zu gehen, um von dort die Atlantikpassage zu machen. Aber alle warnten. Geht bloß nicht mit diesem Schiff in die USA, hieß es. Die Coast Guard legt euren alten Rattendampfer gleich an die Kette, hieß es.

In Bermuda wurden sie, da sie keine Seekarten hatten, über Funk durch einen Lotsen und Wegepunkt-Positionen reingeholt. Sie fanden drei zahlende Gäste, die auf die Azoren wollten. Vier Wochen brauchten sie für die Strecke, die andere in der halben Zeit machen. Aber sie hatten kaum noch Segel und der Wind wehte ständig mit Sturmstärke aus der falschen Richtung. Auf den Azoren fanden sie die Firma Atlantic Yachtservice, bei der sie auf Rechnung einkaufen durften und so konnten sie nochmal Proviant bunkern. Es war nicht selbstverständlich, dass die Firma sich auf diesen Deal überhaupt einließ.

Heimkehr

Auch der nächste Törnabschnitt gestaltete sich schwierig. Es herrschte eine beständige Ostwindwetterlage und sie hatten keine Chance in den englischen Kanal hinein zu kommen. Es war bereits April. Ostwind, Ostwind, Ostwind. So blieb ihnen nichts anderes übrig, als nach Norden, Richtung Irland zu laufen. Sie hofften die ganze Zeit, dass der Wind drehen würde und wollten sich nur eben hinter der Britischen Insel verstecken. Nur die Fock war gesetzt. Plötzlich brachen die Mastbacken am Großmast. Dadurch bekamen die Wanten lose und rutschten nach unten. Der Mast schlackerte gefährlich hin und her. Sie mussten beidrehen und zwei portugiesische Fischer gaben Geleitschutz bis ein Schlepper kam, der sie nach Irland brachte. Alle an Bord waren zu dem Zeitpunkt in jeder Hinsicht völlig erschöpft, halb verhungert und zermürbt.

Aber es ist schön, wenn man Freunde hat. Hartwig rief Arne an und berichtete, dass sie in Irland auf einer Werft seien. Arne fragte nur, wieviel braucht ihr, und am nächsten Tag konnten sie die Reparatur bezahlen. Mast raus, neue Mastbacken, Mast wieder rein, Wanten fest. Der Wind hatte inzwischen endlich gedreht und es ging südlich um England herum mit einer Station in Portsmouth, wo sie nochmal einen Mitsegler aufnahmen. In der Elbmündung gab es ein Strafmandat von der Wasserschutzpolizei, weil das Lampenbrett mit der Positionslaterne schief hing. Nord-Ostsee-Kanal rein. Wieder kein Geld. Da kam jemand von Land und schenkte ihnen fünfzig Mark.

Zu Hause ankommen

An einem Donnerstagmorgen um sechs Uhr liefen sie in Kappeln ein. Der erste, der ihnen entgegen kam war Laurenz auf seinen Holzschuhen, klack, klack, die Kaimauer entlang, um Brötchen zu holen. Er war auch der Letzte gewesen, der gewunken hatte, als sie losgefahren waren. So waren sie wieder zu Hause und am Freitagabend um achtzehn Uhr kam die erste Gruppe an Bord. Es war ein Wochenendseminar mit dem Thema „Feminismus in der Kindergartenerziehung".

Sie hatten viele Abenteuer erlebt, viele Höhen und Tiefen. Das Ziel der Reise war erreicht. Alle waren heil zurückgekommen. Sie sind nicht gestrandet. Sie waren in ganz kleinen Lagunen und sind mit sieben Knoten wieder rausgerauscht. Sie hatten keine Unfälle und Hartwig hatte auf Pitcairn Tee mit den Bewohnern getrunken. Und damit hat diese Reise das gebracht, was sie sollte.

Ich bereue nichts, stellt Hartwig zufrieden fest. Immer wenn später die Frage kam, ob er nochmal so eine Reise machen möchte, antwortete er, er sei kein Weltreisender. „Ich habe einmal diese Idee gehabt und mit viel Glück, Engagement und Unterstützung von ganz vielen Menschen hat es auch geklappt. Jetzt segle ich mit meiner *Pippilotta* fröhlich auf der Ostsee weiter."

Hartwig hat fünfundzwanzig Jahre Fahrenszeit auf dem Buckel, wie er selbst sagt. *Pippilotta* sei vorher niemals so lange in gleicher Weise genutzt worden. Sie war Fischereifahrzeug, dann Begleitfahrzeug für die frühen

Bohrinseln vor der norwegischen Küste, dann Frachter. Aber dass am Ende nochmal so ein abenteuerlicher Teil kommt, der dann langsam zum Hauptteil des Schiffslebens wird, daran hätte wohl niemand geglaubt, sinniert er.

Nach der Rückkehr sei er in einem anderen Lebensabschnitt angekommen, stellt er fest. Es gab natürlich auch andere Erlebnisse im Leben, die wichtig waren. Er hat Jan, einen erwachsenen Sohn und nun noch Erik, den kleinen Sohn. Er muss mir nichts mehr beweisen. Wenn man jung ist, muss man Vieles machen, um zu wissen, dass man toll ist, meint er. Das habe sicherlich auch mitgeschwungen bei der großen Reise. Jetzt sei er im Rentenalter, das Leben gehe langsam aufs Ende zu. Wenn er zurückguckt sei er zufrieden mit dem was er gemacht hat. Ich habe niemanden absichtlich betrogen oder geschlagen. Ich bin gesund geblieben. Das ist gut, freut er sich.

Wie geht es weiter?

Vermutlich wird es keine Fortführung des Schiffes geben, wenn Hartwig mal aufhört. Die Zeiten haben sich geändert. Die Schwierigkeiten, so ein Schiff technisch, finanziell und personell zu unterhalten sind groß. Wenn er sich die Zukunft ausmalt, dann möchte er mehr mit seinem kleinen Sohn, der schnell größer wird, unternehmen. Wenn meine Knochen das noch hergeben, ergänzt er.

Vielleicht macht seine Steuerfrau mit dem Schiff weiter, sagt er. Sie fährt schon seit fünf Jahren auf *Pippilotta*. Sie ist Erzieherin, war auf der Seefahrtschule und hat die Basisc-Safety-Ausbildung durchlaufen. Sie würde das schaffen, meint Hartwig. Aber er glaubt nicht wirklich daran, dass sie sich dafür entscheiden wird. Sie ist jetzt knapp dreißig, sagt er. Und nochmal drei Jahre weiter, dann hat sie vielleicht Familie, Kinder und ist sechs Monate im Jahr weg. Der Partner nagelt sich ein Bild von ihr über den Küchentisch. Das muss er aushalten können.

Einen Plan B hat Hartwig nicht. Alles geht einmal zu Ende, sagt er entschieden. Kein Schiff fährt ewig aber stählerne Schiffe halten hundert bis 200 Jahre. Da wäre noch Luft für *Pippilotta*. Sie ist zwar nicht im Originalzustand, aber sie ist die letzte ihrer Art. Es gibt diese Logger nicht mehr.

Pippilotta war ein Fischereifahrzeug und man könnte sie wieder in ihren historischen Originalzustand versetzen. Das Steuerhaus ist zu groß und sie war ursprünglich ein Zweimaster. Man müsste mit dem Schweißbrenner drangehen, erklärt Hartwig, die Ladeluke abnehmen, ein paar Decksbalken einsetzen und das Rigg ändern. Das sei alles. Aber vielleicht wird sie auch verschrottet. Es gibt, auch unter Museumsleuten, die Auffassung, dass jedes Objekt, auch jedes museale Objekt, irgendwann einmal verschwindet. Alte Schiffe wurden früher zu Brennholz verarbeitet oder sie verrotteten in einer Hafenecke. Heute verschwinden Schiffe manchmal selbst aus Schifffahrtsmuseen, ist seine Erfahrung. Aber darüber mache er sich noch keine Gedanken.

Nach wie vor finde ich es herrlich unterwegs zu sein. Es juckt mich im Frühling oder schon vorher, endlich wieder loszufahren. Bei so einem Wetter, wenn die Sonne scheint und ein leichter Wind weht, würde ich am liebsten gleich die Leinen loswerfen.

Mittlerweile sei er ja ein alter Knacker geworden, sagt er, obwohl er zu seinem Alter keine wirkliche Beziehung habe. Aber seine Knochen machen ihm schon klar, dass er alt ist. Trotzdem macht es ihm total viel Spaß mit jungen Leuten zusammen zu sein. Noch immer möchte er mit ganz normalen Schülern zur See zu fahren und miterleben, wie sie staunen. Er beschreibt die ersten Erlebnisse, die sie an Bord haben, so: Oh Mann, ist das hier klein! Sind die Betten eng! Es gibt ja keine drei Duschen. Auf See gibt es an Bord auch kein Internet. Im Laufe der Zeit erlebe er dann, wie die meisten trotzdem viel Spaß hätten und Neues erlebten, vielleicht sogar begeistert sind. Sie machen am Strand Lagefeuer oder gehen schwimmen, wenn das Schiff vor Anker liegt. Es sind Dinge, die sie vorher vielleicht niemals tun konnten.

Natürlich ist dieser Spaß an der Reise sehr unterschiedlich bei den einzelnen Mitseglern, erklärt er, und es gibt auch unterschiedliche Befähigungen, die an Bord erst entdeckt werden. Derjenige, der an Land der große Macker ist, weiß Hartwig, der wird vielleicht gleich als erster seekrank. So sitzt der starke Mann nun da und kann sich kaum rühren. Und das kleine Mädchen, das in der Klasse nichts zu sagen hat, das steht am Ruder. Dem macht das Rollen des Schiffes gar nichts aus. Sie steuert das Schiff geradeaus und bekommt Anerkennung, die sie an Land im normalen Leben bisher nicht bekommen hat.

Manche Lehrer seinen ganz erstaunt über Fähigkeiten, die die Schüler haben. Da kann jemand Kochen. Das spielt in der Schule keine Rolle. Der steht in der Küche und kocht und backt Kuchen und sagt: ja, das macht mir Spaß, das mache ich auch zu Hause gern. Das hat keiner gewusst. Das weiß man nicht, wenn nur binomische Formeln, punische Kriege und grammatische Besonderheiten wichtig sind. Wer fragt schon, ob man

Kuchen backen kann? Hartwig findet genau das immer aufs Neue spannend und wichtig. Er zeigt den Jugendlichen gerne, was an Bord alles möglich ist, in den Mast klettern oder Knoten machen zum Beispiel. Es muss nichts Großartiges sein, keine besonderen seemännischen Techniken, sondern ganz normale Dinge. Es ergibt sich Vieles, weil man zusammensitzt und spielt. Wann sitzen sie in der Schule schon mal zusammen und spielen? Erst hocken sie da und langweilen sich, weil das Tablet am Ankerplatz nicht funktioniert. Kein Netz! Aber dann geht einer in die Spieleecke, holt Karten und Würfel raus und es geht los. Das ist es, was Hartwig freut.

Der Skipper möchte den Mitseglern auch vermitteln, dass sie, dadurch dass sie mitsegeln und durch das Geld das sie bezahlen, es ermöglichen, so ein altes Schiff zu erhalten. *Pippilotta* macht jedes Jahr etwa zwanzig Reisen, ist also etwa zwanzig Wochen unterwegs. Mit jeder Reise werde also ein Zwanzigstel des Unterhaltes erwirtschaftet. *Pippilotta* ist vor fünfundachtzig Jahren zum ersten Mal in See gestochen. Sie soll gerne noch weitere fünfzehn Jahre fahren, bis sie hundert wird, ist Hartwigs Ziel und er freut sich, wenn die Gäste sich auch für die Geschichte des Schiffes interessieren.

Er hat diese eine große Reise gemacht. Später war er mit *Pippilotta* ein- oder zweimal auf Island. Aber ich habe nie irgendwelche abenteuerlichen oder spektakulären Reisen unternommen, sagt er. Es hat nur diese eine sehr besondere Reise gegeben. Ich bin immer noch viel unterwegs, aber nun nicht mehr zu exotischen Plätzen.

Wir bewegen uns auf unterschiedliche Art. Mal bei Flaute, mal bei viel Wind und rauschender Fahrt. Mal bei Nacht, mal am Tage. Wir kommen an unterschiedliche Orte, philosophiert der Skipper. Und auch, wenn es immer wieder diese Region der dänischen Inseln ist, der kleine Belt, so ist es jeden Tag etwas anderes. Wenn sie nach Starø fahren, eine Insel mit zwanzig Einwohnern, sei das etwas ganz anderes, als wenn sie in der kleinen Hafenstadt Marstal auf Ärö sind, erklärt er, obwohl beide Orte nur zehn Meilen voneinander entfernt liegen.

Zukunftsvision

Wenn ich im Januar Urlaub mit meiner Familie mache, fahren wir nach Dänemark ans Wasser, mieten uns ein kleines Ferienhaus und gucken über die Dünen und sagen, oh, guck mal, Wasser. Ich sehe das ganze Jahr Wasser, aber wenn ich das im Urlaub wieder sehe, macht es mir trotzdem große Freude. Ich fahre fast jeden Tag runter zum Hafen und gucke mir Schiffe an. Das fasziniert mich. Ich besuche Schifffahrtsmuseen, die Schiffbaukunst begeistert mich. Ich wollte immer etwas Sinnvolles, Freies machen, etwas, was mich befriedigt. Ich habe mich all die Jahre von meinem Bauchgefühl leiten lassen, bin ihm gefolgt, habe auch viel Glück gehabt und Unterstützung gefunden.

Er würde gerne seine Erfahrung und sein Wissen, das er sich im Laufe der Jahrzehnte angeeignet hat, weitergeben. Ich habe viel Fach- und Detailwissen über Schiffe und Seefahrt, handwerkliche Tradition, sagt er, wie in jedem Beruf. Die die nachkommen, müssen sich dieses ganze Detailwissen auch wieder aneignen. Aber gibt es nicht auch eine Möglichkeit, das Ganze ein wenig zu transferieren und weiter zu geben, fragt er sich. Es gibt bei den Technikern einige Seniorenvereinigungen, deren Ziel es ist, Wissen an junge Leute weiterzugeben. Sowas könnte er sich auch für sich selbst vorstellen.

Das mit dem Schiff war eine fixe Idee
Gerd

Die *Ethel von Brixham* liegt in Dänemark in Egernsund in der Werft auf dem Slip. Mehrere Planken fehlen im Bereich des Vorstevens. Die Neubeplankung der Schanz ist in Arbeit. Überall laufen geschäftig Menschen in Arbeitskleidung herum, mit Schweißgeräten und Hämmern in der Hand. Da sind einige mir bekannte Gesichter. Drunter auch der Skipper eines anderen Traditionsschiffes, der sich hier über den Winter Geld verdient, das er dann wieder in sein eigenes Projekt steckt. Eine Art Tauschwirtschaft. Man hilft sich gegenseitig. So bleibt etwas von dem sommerlichen Verdienst in der Szene. Gerd, der Eigner und Skipper der *Ethel von Brixham*, ist in ein Gespräch mit dem Werftchef vertieft, als er mich sieht und herüberwinkt.

Gerd geht voran, die steile Werfttreppe hinauf. Wo normalerweise eine Leiter notdürftig an einer Relingstütze festgebunden wird gibt es hier tatsächlich eine richtige Treppe mit Geländer. An Deck stapeln sich Baumaterialien, Farbtöpfe, Arbeitsgeräte. Unter Deck räumt Gerd erst mal eine Sitzbank frei und legt ein paar Kissen zurecht. „Wir sitzen ja den ganzen Winter hier mit unseren schmutzigen Arbeitsklamotten. Das ist nicht gut für die Polster. Deswegen ist alles weggeräumt."

Mit am Tisch sitzt Mick, achtundzwanzig Jahre alt. Er ist Skipper auf dem holländischen Segler *Ide Min* und hilft Gerd bei den Überholungsarbeiten an der *Ethel*. Gerd hat zwei Pizzen in den Ofen geschoben und während unseres Gesprächs essen die beiden mit gutem Appetit. Gleichzeitig läuft im Hintergrund eine Hobelmaschine, an der die neuen Planken bearbeitet werden.

Werftzeit in Egernsund

Wir haben den ganzen Monat Zeit, beginnt Gerd zu erzählen. Danach kommt erst das nächste Schiff, das hier dann auf den Slip soll. Aber jeder Tag, den wir hier sind, ist unendlich viel teurer, als wenn wir normal an unserem Liegeplatz arbeiten würden. Deswegen versuchen wir den Werftaufenthalt natürlich auf das notwendige Mindestmaß an Zeit zu reduzieren, erklärt er. Es gibt eine geplante Baustelle. Das ist die hier oben an Deck mit den Relingstützen. Die war auch als Auftrag schon vorab mit der Werft vereinbar. Aber, wie immer mit den alten Schiffen ist, ist zusätzlich eine ungeplante Baustelle dazugekommen. Das ist die Erneuerung der Planken vorne unter Wasser. Das passiert dann, wenn die Fachleute, wie Christian der Werftchef, einmal unter dem Schiff entlanggehen und sagen: Hm, das würde ich dir empfehlen! Und diese Empfehlung ist dann eigentlich auch schon mehr ein dringender Wunsch, so Gerd.

Sie sind seit einer Woche auf dem Slip und die haben sie gut genutzt. Es läuft glücklicherweise auch alles so, wie es geplant war. Eine weitere Woche soll noch gearbeitet werden. Dann soll es aber auch wieder langsam ins Wasser gehen, wo dann die anderen Arbeiten in Angriff genommen werden, die über Wasser anstehen.

Vor kurzem war Hochwasser. Die *Ethel* lag noch am Steg und Gerd kam nicht mehr weg, weil der Steg unter Wasser war. Da er auch Sorge um sein Schiff hatte blieb er zwei Tage und Nächte an Bord. „Das Schiff ist eben ein bisschen wie ein Familienmitglied für das ich Verantwortung habe", meint er.

Angefangen hat alles mit einem Hilferuf

Als er vierzig war, hat die Leidenschaft für die Traditionsschiffen für Gerd ganz zufällig und ziemlich überraschend begonnen. Er erzählt das mit trockenen Worten. „Ich habe gewechselt vom Ingenieur, der sich mehr mit dem Verkauf irgendwelcher Produkte beschäftigt hat, zu etwas handfestem, nämlich zur Seefahrt."

1995 war er auf einem holländischen Schiff mitgefahren. Es lag in Bremerhaven und er hat sich dort das Virus „Traditionsschiff" einfangen. Es begann mit dem Anruf eines ihm mehr oder weniger unbekannten Mannes. Gerds Bruder kannte ihn und der Notruf kam über ein paar Ecken bei ihm an. Der Unbekannte war Peter Boot von der *Luciana*, der heute Gerds Kollege ist. Er brauchte dringend einen Matrosen für die Sail Bremerhaven. Gerd ließ alles stehen und liegen, fuhr hin und half und lernte Peter Boot kennen. Die Sache gefiel ihm sehr gut und machte Spaß. Danach segelte er nochmal nach Terschelling mit und fuhr anschließend wieder nach Hause. Ein Jahr später kaufte er die *Ethel*, die zu dem Zeitpunkt als Kieler Schiff unterwegs war. Das war völlig verrückt, meint Gerd rückblickend.

Sein Entschluss war aus den guten Erfahrungen auf der *Luciana* entstanden. „Ich wusste danach sofort, dass ich so etwas selbst auch machen wollte. Vielleicht war es eine fixe Idee. Ob ich zu dem Zeitpunkt wirklich ein eigenes Schiff brauchte, weiß ich nicht. Aber irgendwie wollte mich auch kein anderer Skipper haben, weil ich noch nicht die Erfahrung hatte, die ich eigentlich dafür gebraucht hätte." Dann lief ihm die *Ethel* über den Weg als ganz unromantische Zeitungsannonce in der Bootsbörse. Sie lag damals in Spanien in Denia. Gerd fuhr hin guckte sie an und verliebte sich in das Schiff. Das war 1996.

Gemeinsam mit seinem Bruder zusammen wurde er sich mit dem Eigner schnell handelseinig. „Aber ein Schiff kaufen das kann fast jeder, das Schiff unterhalten, das kann nicht jeder", meint Gerd. „Und ich bin jetzt auch ganz stolz darauf, dass ich das bis heute so geschafft habe und wie ich das geschafft habe." Der damalige Eigner Eckard Clemens, segelte die *Ethel* nach Kiel. Dort wurde sie aufgeslippt und das Unterwasserschiff genau untersucht und begutachtet. Die beiden Käufer wollten sicher zu gehen, dass ihr neues Schiff nicht unterwegs irgendwo beschädigt worden war.

1997 hängte Gerd seinen Job als Maschinenbauingenieur endgültig an den Nagel und machte sich daran, E*thel* als Charterschiff zu betreiben. „So bin ich dazu gekommen. Seit nunmehr zwanzig Jahren mache ich nun alles, was man mit so einem tollen alten Schiff machen kann: Hafengeburtstage, Events und längere Segeltouren mit ganz unterschiedlichen Gruppen in der Ostsee. Die Ostsee ist unser Heimatrevier, da bleiben wir auch. Es gibt auch kein Interesse, die Ostsee zu verlassen. Der Hamburger Hafengeburtstag kommt als einzige

Eine große Reise hätte ich schon gerne mal gemacht

Das Bedürfnis mal nach Island zu fahren sei schon sehr deutlich da gewesen und dieser Traum war am Anfang auch heftiger, erinnert sich der Skipper. Island hätte er sich wirklich mal gewünscht. Aber mit der Zeit, mit zunehmendem Alter sei das immer mehr hinten runtergefallen. Das Ganze hängt auch damit zusammen, dass er genügend Gäste finden muss, um so eine Reise finanzieren zu können. Die Logistik ist deutlich schwieriger als einen Törn auf der Ostsee zu organisieren, meint er.

Was er über die Jahre festgestellt hat ist, dass die Törns immer kürzer geworden sind. Neun- oder sogar sechzehn-Tage-Törns, die er vor langer, langer Zeit noch hatte, die fänden heute eigentlich überhaupt nicht mehr statt. Es sind jetzt eher verlängerte Wochenenden oder auch mal fünf Tage. Die Leute splitten ihre Urlaubsaktivitäten auf unterschiedliche Bereiche. Und sie möchten dann auch am liebsten an demselben Ort aussteigen, an dem sie eingestiegen sind.

Einzelcharter macht er besonders gerne. Das macht sehr viel Spaß, meint er. Das Schöne an solchen Törns sei, dass lauter hochmotivierte Segler kommen. „Die kommen wirklich, um zu segeln. Das hast du ja sonst nicht unbedingt. Wenn die Großeltern versuchen auf so einem großen Segelschiff ihre ganze Familie, mit allen Kindern und Enkelkindern, mal zusammen zu bringen, dann ist vielleicht ein kleiner Teil der Leute wirklich motiviert zu segeln. Die anderen wollen einfach Spaß haben. Dem muss ich natürlich auch Rechnung tragen."

Segelerfahrung und der Norden

Geboren und aufgewachsen ist er in Kiel. Das war schon mal viel wert, um ans Segeln ranzukommen, sagt er. Aber das fand immer nur sporadisch statt. Und nachdem Studium, waren Mädchen und Motorräder eher sein Interessensfeld. Das mit dem Segeln entwickelte sich erst, als er aus Kiel wegging. Er zog in den Taunus, weil dort die

Arbeit war. Erst da hat er alle Segelscheine gemacht die es gab und war dann mit Freunden regelmäßig auf Charteryachten unterwegs. Das war zunächst die Art von Segelerfahrung die er machte. „Das war aber etwas ganz anderes, als das was wir hier mit der *Ethel* machen", so Bialek. „Und diese ganze professionelle Schiene, ich nenne das mal so, hat sich wirklich erst durch diese *Sail Bremerhaven* auf der *Luciana* ergeben. Da habe ich festgestellt, dass es mit diesen schönen alten Schiffen eine ganz andere Art von Reisen gibt, die mir viel mehr Spaß gemacht hat."

Traditionsschiff oder Yacht?

Heute ist es manchmal so, dass er ein wenig wehmütig ist, wenn er die kleinen Segelboote beobachtet. Da wäre er dann ganz gerne mal mit seiner Frau alleine auf einem Folkeboot unterwegs. Der Unterschied zwischen dem Segeln auf einer Yacht und dem auf den Traditionsschiffen macht er an zwei Dingen fest. Auf Traditionsschiffen gibt es wenig Technik. Auf einer Yacht sind die Winschen oft so groß, dass man, wenn man nicht aufpasst, das Segel fast in der Mitte durchreißen kann. Auf einem Traditionssegler musst du dir schon etwas einfallen lassen, damit du die Segel überhaupt dichtgeholt bekommst. Das ist nur ein Beispiel. Das bezieht sich aber auf viele Bereiche.

Die andere Sache ist sie, dass Mitsegler an Bord sind, die nicht viel Segelerfahrung mitbringen und dass der Skipper oder die Bootsleute in ihren Anweisungen diese Menschen ganz anders ansprechen müssen, als wenn man auf einer Yacht unterwegs ist, auf der die Mitsegler meistens wenigstens ein bisschen Segelerfahrung mitbringen und mit den seglerischen Fachbegriffen vertraut sind. Auf dem Traditionsschiff geht es darum, die Neulinge langsam einzuweisen, ihnen alles zu erklären, behutsam zu sein. Dieses besondere Mitmenschliche, das ständige

Weitergeben der Erfahrung, ist es, was ihm auch heute noch viel bedeutet.

Auf der Ethel fahren zwölf Gäste mit, wenn es auf längere Törns geht. Auf Tagestouren oder Veranstaltungen wie der *Kieler Woche* sind es bis zu fünfunddreißig Personen. Da sind viele Stammgäste dabei. Gerd schätzt, dass die sechzig Prozent ausmachen. Es kommt oft vor, dass sich aus einer Gruppe jemand herauskristallisiert der dann wieder eine neue Gruppe ins Leben ruft, sagt er. Die zählt er auch zu den Wiederholungstätern. Daneben gibt es aber auch Firmenkunden, die mal zur *Kieler Woche* buchen oder ein anderes Event an Bord veranstalten. Viele sind uns seit über zehn Jahren treu und ich hoffe, dass sie uns auch noch zehn weitere Jahre treu bleiben werden. Das Chartergeschäft auch die nächsten zehn Jahre zu betreiben, kann er sich gerade noch vorstellen. Er hofft aber, dass dann jemand anderes das Schiff übernehmen möchte oder als Miteigner einsteigen will. Und das Schiff wird ja auch nicht jünger, ergänzt er melancholisch.

Die Sicherheitsrichtlinie

Die neue Sicherheitsverordnung ist auch für Gerd ein schwieriges Thema. Die Regeln haben sich immer mehr verschärft, sagt er. Die Ethel hat ich das Sicherheitszeugnis für Traditionsschiffe, der Skipper den Sporthochseeschifferschein. „Man muss sicherlich sagen, dass die Richtlinie, seit sie 2001 in Kraft getreten ist, dazu geführt hat, dass die Schiffe einen Standard erreicht haben, der deutlich über dem liegt, was davor bei vielen Vereinsschiffen als normal angesehen worden ist", ist seine Meinung. Ein fester Standard sei gut.

„Die ersten sieben Jahre bis 2001, die ich die *Ethel* hatte, waren Klasse", sagt er. Das war die Zeit, in der er ohne Richtlinie und ohne offizielle Vorschriften durch die Gegend gefahren ist. Als dann die erste Richtlinie kam, hätten alle Traditionsschiffer einen Moment lang unter Schock gestanden, meint er. Sie merkten auf einmal, dass sie nicht mehr so frei in ihren Entscheidungen waren. Für Gerd bedeutete es, dass alles was er vorher geplant hatte, was er mit diesem Schiff weiter machen wollte, was an Arbeiten und Restaurierungsschritten geplant war, erst einmal gestoppt wurde. Es gab plötzlich eine Richtlinie die zu erfüllen war und das bezog sich damals ja nicht nur auf die Ausrüstung, sondern auch auf die Historizität.

Für die Ethel bestand das Problem, dass von offizieller Seite seit 2007 der Vorwurf besteht, dass das Schiff historisch nicht authentisch genug ist, um als Traditionsschiff anerkannt zu werden. Es geht um die Masten, deren Position, das Material, das ganze Rigg. Der Vorbesitzer hatte die Masten vor etwa dreißig Jahren in Stahl bauen lassen, weil es einfach eine kostengünstige Geschichte war und auch weniger wartungsintensiv ist.

Und dann das Deckshaus. Das ist nicht so schön, findet Gerd. Aber alle Schiffe machen ja eine Evolution durch, erklärt er. Ethel ist in den 50er, 60er und 70er Jahren in Norwegen als Küstenmotorschiff gefahren. Dabei hat sich der ganze hintere Teil im Deckslayout geändert. Irgendwann wurde ein zweistöckiges Deck draufgestellt. So kam aus Norwegen nach Deutschland. Bei dem Aufbau von damals konnte man weder den sogenannten verschlusssicheren Zustand herstellen, noch war der Aufbau in irgendeiner Form für die Navigation geeignet. Daher machte der Schiffeigner, gemeinsam mit seinem damaligen Gutachter, einen Plan nachdem alles umgebaut wurde. Verschlusssicherer Zustand, eine anständige Navigationsecke, die Geräte sind sinnvoll untergebracht, die Sicherheitsmittel sind vom Steuerstand gut erreichbar. Das wurde gemacht, bevor die Richtlinie 2001 in Kraft trat und das wurde später beanstandet. Gerd musste nachweisen, dass das Schiff tatsächlich vor der Richtlinie umgebaut worden war. Dafür hat er sogar alte Zeitungberichte ausgegraben.

Die Historizität war der Knackpunkt. Die Berufsgenossenschaft und damals auch noch die Registerkommission begannen, Schiffen, die sie für nicht historisch oder authentisch genug hielten, große Schwierigkeiten zu machen. Und eins dieser Schiffe war dummerweise meins, sagt Gerd. „Und seither weiß ich eigentlich nicht wie es weitergeht. Um Investitionen planen zu können brauche ich ein Zeugnis, das mindestens fünf Jahre gültig ist. Wenn ich aber mal eines für ein halbes Jahr, mal für zwei Jahre bekomme, ist das extrem problematisch. Das belastet mich seit 2007." Ansonsten konnte er mit den Regelungen ganz gut leben. Das war nichts Dramatisches. Er investierte, was gefordert war, musste aber einen Kredit aufnehmen, sonst wäre das gar nicht möglich gewesen.

Lange Zeit schipperte er mit der Ethel mit großer Unsicherheit und wussten nicht, wie es überhaupt weiter gehen soll. Sein Schiff bekam mal ein kurzfristiges Zeugnis für drei Monate, dann nochmal drei Monate. Jedes Zeugnis kostete Geld und es blieb immer die Ungewissheit, ob er danach weiterfahren darf oder ob es dann einen Schlussstrich geben würde. So etwas führt nicht unbedingt dazu, dass ein Schiff besser wird, meint er.

Gerd ist in der Gemeinsamen Kommission Historische Wasserfahrzeuge (GSHW) im geschäftsführenden Vorstand. Dadurch kommuniziert er direkt mit Politikern und Ämtern, wenn es wieder um eine Änderung der Sicherheitsverordnung geht. Das bedeutet immer wieder Verunsicherung, weil manche Vorschriften für die Schiffe aus finanziellen technischen oder organisatorischen Gründen einfach nicht machbar sind. Es heißt zwar immer, dass die *Dienststelle Schiffssicherheit* als entscheidende Behörde auch von der Sicherheitsrichtlinie abweichen kann, wenn sie dies als erforderlich ansieht. Dazu habe er aber ganz persönliches erfahren, dass die Dienststelle nicht immer wohlwollend entscheidet, so Gerd. Das alles macht ihm für die Zukunft der *Ethel* große Sorgen. „Das heißt, diese Saison werden wir fahren", sagt er. „Und um auch in der kommenden Saison mit einem sicheren Schiff unterwegs zu sein haben wir diesen Werfttermin vereinbart und machen all das, was wirklich notwendig ist, so, als würde es noch viele Jahre weitergehen."

Alles kostet einen Haufen Geld

Alles kostet einen Haufen Geld und er gesteht, dass er in der letzten Zeit die eine oder andere schlaflose Nacht hatte. Immer wieder ist er auf das Wohlwollen der Dienststelle der BG-Verkehr angewiesen. Er wird auf jeden Fall rechtzeitig vor Ablauf des Zeugnisses einen Antrag stellen. „Dann wird der Punkt kommen, wo die Zahlen zusammengezählt werden müssen", sagt er. „Dann werden die Forderungen auf dem Tisch liegen. Und diese Forderungen haben alle eine Zahl dahinter. Und diese Zahlen summieren sich zu einer ganz großen Zahl, die ich vielleicht noch stemmen kann. Die kann dann aber auch so hoch sein, dass ich da raus bin. Das wäre für dieses fast 130 Jahre alte Schiff sehr schade."

Was die Zukunft bringt weiß ich nicht

Wenn er kein Zeugnis mehr bekommt gibt es für die Ethel zurzeit keine Perspektive. Es gibt nicht wirklich Nachwuchs in der Szene. „Wir haben keine Leute, die sich engagieren. Wir haben keinen Markt mehr für diese Schiffe, weil es zu viel Unsicherheit gibt. Für die Zukunft sind da also eher düstere Wolken, als große Freude", ist seine melancholische Betrachtung der Situation.

Die Ethel ist ein Holzschiff. Die Holländer wollen so ein Schiff ganz bestimmt nicht. Die nehmen Stahlschiffe. Die Engländer sind vielleicht interessiert, da es ein Brixham-Trawler ist. Und das möchte Gerd in den nächsten zwölf Monaten nochmal ausloten. Denn es wird dann irgendwann darum gehen, dieses Schiff zu erhalten und dafür möchte er alle Möglichkeiten ausnutzen, damit sie nicht irgendwann im Ofen landet, wie er sagt.

„In Deutschland hat man das Gefühl, dass sie die Traditionsschiffe lieber abschaffen würden. Es wird nicht darüber nachgedacht, welche Bedeutung die Schiffe haben. Das Gefühl haben wir Eigner und Skipper alle, aber es hilft uns nicht weiter." Der Erhalt der Traditionsschifffahrt ist eigentlich das Ziel der neuen Verordnung. Das ist auch eine politische Aussage. Aber die Traditionsschiffer wurden kaum in die Erarbeitung eingebunden.

Es gibt immer wieder neue Systeme, neue Techniken, die die Sicherheit erhöhen. Man würde ja heute nicht auf die Idee kommen, ein Traditionsschiff nicht mit einem Funkgerät auszurüsten, weil das nicht traditionell ist. Es gibt Dinge, die man ohne Probleme installieren kann. Andere Anforderungen, wie bauliche Veränderungen, seien absolute

Totschläger erklärt Gerd. Die kämen zum großen Teil aus der Berufsschifffahrt, wo sie ihre Berechtigung haben. Aber für die Traditionsschiffe ist vieles nicht machbar, oder nur mit einem entsprechend langen Vorlauf, weil es viel Geld kostet. Andererseits sollen aber diese Schiffe ausschließlich im ideellen Sinne fahren und keine Gewinne erzielen. „Da beißt sich die Katze in den Schwanz", sagt Gerd.

Seine Frau ist in den letzten zehn Jahren viel mitgesegelt. Das wird jetzt weniger werden, weil sie von einer Halbtagsstelle auf eine Ganztagsstelle gegangen ist. Der Grund liegt darin, dass sie nicht sicher sind, wie sich das mit der *Ethel* weiter entwickeln wird. Sie müssen schließlich finanziell über die Runden kommen. Gerds Frau hat lange Zeit das Büro gemacht. Das ist ein wesentlicher Teil des Ganzen und es machte ihr Spaß. Die beiden haben auch das Catering selbst gemacht. Da gab es zu Hause gemeinsames meditatives Kochen. Das machte nicht nur den Beiden viel Spaß, sondern gefiel auch den Gästen gut. Alle hatten ein gutes Gefühl dabei. Das wird sich jetzt aber ändern, weil ihre halbe Kraft völlig wegfällt.

Ausflaggen wird vielleicht irgendwann ein Thema werden. Aber Gerd ist so lange in der deutschen Szene aktiv ist und hat sich mit viel Herzblut engagiert, dass er sich nicht vorstellen kann, diesen Weg auch nur anzudenken. Er will solange kämpfen, bis er feststellen muss, dass es nicht mehr erfolgversprechend ist. Und dann wird es eine Entscheidung geben. Wer weiß, welches osteuropäische Land mit Anschluss an die Ostsee dann interessiert wäre, einen alten Brixham-Trawler mit Flagge zu versehen, sinniert er.

Gerd engagiert sich in der GSHW und für eine Richtlinie, die von den Schiffen erfüllt werden kann und damit für den Fortbestand der

Traditionsschiffe. Er ist da in etwas hineingerutscht, was er eigentlich nicht wollte. Er telefoniert unendlich viel, setzt Schreiben auf, hat ständig mit Bürokratie und Sachbearbeitern zu tun. „Dabei ist das genau das, weswegen ich damals aus meinem Job als Ingenieur ausgestiegen bin. Das war nicht der Plan und ist eine große Belastung. Das hätte ich mir anders gewünscht. Nun ist es aber so gekommen und keiner hat uns versprochen, dass das Leben einfach ist." Deshalb will er weitermachen, finde es aber sehr schade, dass es diese Richtung genommen hat. Zum Glück gäbe es viele junge Leute, die sich für die Traditionsschiffe engagieren", meint er. Da sei sehr viel Initiative, viel organisatorisches Talent. „Die können Dinge in Bewegung setzen und bleiben dran. Das ist große Klasse und ich ziehe den Hut davor."

Er würde aber keinem jungen Menschen empfehlen, mit der *Ethel von Brixham* anzufangen. Im Sommer hat er immer einen Bootsmann oder eine Bootsfrau an Bord. Das ist dann jeweils eine feste Person für den ganzen Sommer. Zwei von diesen Bootsleuten sind in Enkhuizen anschließend auf die Seefahrtschule gegangen und in der Seefahrt hängengeblieben. Darüber ist er sehr glücklich. Das sei eine gute Entwicklung. „Wenn jemand zu mir kommt, kann ich dem eine Zeitlang Dinge beibringen und ihm helfen, aber ich muss an irgendeiner Stelle sagen: Wenn du in der Seefahrt professionell Fuß fassen willst, dann geht das in Deutschland auf diesem Wege nicht."

Man könne das alles nur schwer an Landratten vermitteln, Einige Politiker waren schon mal Bord der Ethel, aber das waren auch „Nordlichter". Man müsste eher in Bayern oder Hessen den Hebel ansetzen, meint er, um die Leute zu überzeugen, dass wir was Gutes und Sicheres machen. Und das fällt schwer.

Bei all den Schwierigkeiten gab es aber eine verdammt tolle Zeit, die er um kein Geld dieser Welt missen möchte, sagt er zum Schluss. Noch kann er sich ein anders Leben nicht vorstellen, aber wie und ob oder wie lange es weitergehen wird, weiß er auch nicht. Und das stimmt ihn traurig.

An Bord passiert eine Menge im Kopf
Ewald

Die *Platessa* liegt in Eckernförde im Hafen. Ewald guckt unter der Plane hervor, unter der das Schiff im Winter versteckt ist. Wir klettern unter Deck, wo es warm und gemütlich ist. Ewald ist der Skipper des zwanzig Meter langen Haikutters, der von einem Verein betrieben wird. Die Lebensgemeinschaft Eiderdrift, will behinderten Menschen helfen ihren Weg zu finden. Bei einer Tasse Tee erzählt er von dem Projekt, den Schiffen, den Menschen und von sich.

„Ich führe ein Schiff und ich führe Menschen", beginnt er. „Mit denen will ich was erreichen. Wir haben mit den Schiffen angefangen, weil wir mit geistig und körperlich behinderten Menschen segeln wollten. Und das machen wir bis heute. Es kommen Behinderte, die sich an Bord gut bewegen können. Es kommt selten vor, dass wir jemanden mitnehmen, der nicht mehr alleine vom Schiff runterkommt. Aber wenn es sein muss, machen wir das mit einem Flaschenzug. Rauf und runter. Wir nehmen auch mal einen Rollstuhlfahrer mit."

Angefangen hat das Projekt mit der *Ruth*, einem relativ kleinen Haukutter. Die Betreuung der Jugendlichen fand in einem Heim an Land statt und das Schiff lief nur nebenher. Erst als *Platessa* in Sicht kam, wurde die Idee „Leben und Arbeiten an Bord" entwickelt und beschlossen, ein reines Schiffsprojekt zu machen. Ewald war überzeugt, dass das laufen würde. „Wenn ein Projekt richtig ist, wenn es in die Zeit hineinpasst, dann wird das seinen Weg gehen", sagt er.

Die *Ruth* fanden sie völlig heruntergekommen in einer Hafenecke in Kiel. In der Eider wurde sie dann von Vereinsmitgliedern der Lebensgemeinschaft Stück für Stück in Stand gesetzt. Die *Platessa* war hingegen fix und fertig als sie es kauften. Ewald kannte das Schiff, hatte teilweise daran mitgearbeitet. Man konnte fast sagen, dass die *Platessa* genau für unsere Aufgabe gebaut worden war, meint er. In den Jahren, in denen sie jetzt dem Verein gehört, wurde praktisch nichts geändert. „Wir haben sie nur gepflegt. Dass technisch mal das eine oder das andere ergänzt wurde, das ist ganz klar." Der Verein war damals der Erste, der freiwillig das Schiffssicherheitszeugnis machte. „Wenn man mit Behinderten fährt, dann muss alles besonders gut in Ordnung sein", sagt Ewald.

Ich wollte eigentlich immer Seemann werden.

Ewald hat schon mit neun Jahren in Meldorf an der Nordseeküste erste Segelerfahrungen gesammelt. Die Kinder waren damals den ganzen Tag auf dem Wasser. „Natürlich haben wir auch sehr leichtsinnige Sachen gemacht. Im kalten Nordseewasser schwammen die Eisschollen und wir sind darauf herumgetobt und sind damit gesegelt. Heute würde das wahrscheinlich verboten werden. Die Eltern haben sich damals nicht so viele Gedanken darüber gemacht, was ihre Kinder anstellen. Aber sie waren auch froh, wenn wir heil zurückkamen."

Nach dem Krieg gab es kaum noch Boote. Mit ein paar anderen Seglern wurde ein alter Holzkutter zusammengeflickt. „Manchmal segelten wir nach Büsum. Im Hafen gingen die Älteren dort los und tranken Bier. Wir Kleinen bekamen ein bisschen Geld und durften uns ein Eis kaufen. Für mich war es eine großartige Erfahrung zu lernen, dass an Bord alle eine Gemeinschaft bilden die zusammenarbeitet."

In der 8. Klasse mussten alle zum Schularzt. Der fragte, was Ewald werden wolle. Als er sagte er wolle Seemann werden meinte der Arzt, dass das nicht in Frage käme. Dazu sei er zu klein und schmächtig. Dann lieber Schiffszimmermann. Aber die Werft in Friedrichskoog hatte keine Lehrstelle. Als der Schmied einen Lehrling suchte griff Ewald zu. „Für einen Seemann war ich zu klein und zu mickelig, aber Schmied ging", erzählt er schmunzelnd.

Später ging er zur Marine und lebte in Kappeln an der Schlei. Nach einem Unfall musste er die Laufbahn als Berufssoldat beenden und wurde Kfz-Schlosser. Er wurde außerdem Leiter der DLRG und bildete Rettungsschwimmer aus. Danach ging er wieder nach Nordfriesland wo er als Versicherungskaufmann arbeitete. Nebenbei machte er Segelausbildung. Er war auch mal Immobilienmakler, erinnert er sich.

Das mit dem Sozialen habe sich irgendwie entwickelt, sagt er rückblickend. „Unsere Kinder gingen zur Waldorfschule und in dieser Zeit habe ich festgestellt, dass der soziale Bereich wohl meine Lebensaufgabe ist. Heutzutage geht das gar nicht mehr ohne Ausbildung." Der Verein Eiderdrift wurde gegründet und Anfangs arbeiteten sie mit dem Verein „Lebensgemeinschaft Nordland" zusammen, dem die *Ruth* gehörte. „Sie war da und fiel mir sozusagen vor die Füße. Und da habe ich mit dem Traditionssegeln begonnen."

Unser Einkommen war ein besseres Taschengeld

„Zu Anfang konnte ich die soziale Arbeit im Verein nur dadurch leisten, dass ich anderweitig ein bisschen dazu verdient habe. Und nachher habe ich mich gefragt, wieviel ich wirklich zum Leben brauche." Die ersten Jahre fuhr er 175 bis 180 Tage in der Saison. Das ist sehr viel, aber es war nötig, um die Schulden abzuzahlen und gleichzeitig das Schiff zu pflegen und zu erhalten. Es waren sehr anstrengende Jahre, gesteht Ewald.

Eigentlich wollte er mit fünfundfünfzig Jahren aufzuhören zu arbeiten. Finanziell sei es nicht ganz aufgegangen, meint er, aber ideell schon. Wenn das Ideelle stimmt, kommt das Materielle ganz von selbst, ist seine Philosophie. „Alles hat sich immer irgendwie gefunden. Ich war immer für alles offen. Wenn mir eine gute Sache über den Weg gelaufen ist, habe ich zugegriffen. Wenn es nötig war, habe ich mein Leben geändert."

Natürlich brauchen wir Nachwuchs.

„Es ist nicht mehr so einfach Bootsleute und Helfer zu finden. Die jungen Leute, werden heute von anderen Dingen weggezogen, die haben andere Interessen. Das spüren wir auch. Bisher klappt das noch. Zum Glück bleiben viele auch bei uns und später bringen sie manchmal schon ihre Kinder mit."

Der Verein bildet seine Bootsleute selbst aus. In der Saison ist eine Crew an Bord, immer zu Zweit oder zu Dritt, sodass Crewmitglieder, die neu hinzukommen eingewiesen werden können. Und es werden reine Ausbildungstörns gefahren. Zusätzlich brauchen wir aber immer viele Helfer, denn das Schiff muss im Frühjahr von der Mastspitze bis zur Scheuerleiste überholt und gemalt werden.

Im Vordergrund stehen aber die behinderten Menschen. Ziel der Vereinsarbeit ist es, denen, die nicht selber mithelfen können, das Segeln zu ermöglichen. Inzwischen sind viele ältere dabei, die schon am Jahresanfang fragen, wann sie wieder mitfahren dürfen. Manche sind schon als Schüler dabei gewesen. „Sie leben praktisch von einem Segel-Termin zum nächsten", sagt der Skipper.

Diese intensive Betreuung kann man heutzutage nur als Privatinitiative machen, sonst geht das gar nicht, ist sich Ewald sicher. Ob man das dann an Land oder auf dem Wasser macht, ist egal. Manchmal werden auch schwierige Jugendliche betreut. Er freut sich dann besonders über die kleinen oder größeren Erfolge, wenn er irgendwann sagen kann, dass aus einem ehemals schwierigen Jugendlichen was geworden ist. „Der segelt mal in den Ferien mit", beschreibt er den Prozess, „kommt zu den Frühjahrsarbeiten dazu. Er wird Teil der Gruppe und muss sich neu ordnen. Da passiert oft schon eine Menge im Kopf."

Vielleicht hätte ich manches anders machen sollen

In der Rückschau wäre vielleicht einiges besser geworden, wenn er es anders gemacht hätte, meint Ewald. „Aber wir haben in der Zeit damals gelebt, mit unseren Fähigkeiten und mit unseren Unfähigkeiten. Wir haben versucht, zu tun, was wir konnten und was wir nicht konnten. Die Zeit kann ich nicht ändern. Also lass uns einen neuen Anfang machen. Wir fangen jeden Tag wieder an. Und wenn ich wieder danebentrete, dann könnt Ihr sagen, Achtung."

Seine Kinder haben einiges mitmachen müssen, sagt er. Viele schöne Dinge, aber auch viele Dinge, die an die Substanz gingen. Durch die

Waldorfschule ist er auf den anthroposophischen Gedanken gestoßen. „Ein bisschen spielt das hier an Bord auch eine Rolle. Wir versuchen uns anthroposophisch zu orientieren und Anthroposophie zu leben.“

Warum ein Traditionsschiff?

„Zu der Zeit, als wir noch die *Ruth* hatten“, erzählt Ewald, „dachten wir über ein größeres Schiff nach und es war klar, dass es wieder ein Traditionsschiff sein sollte, denn für die Mitsegler ist es sehr wichtig, dass sie möglichst viel mit ihren Händen machen müssen. Deshalb ist an Bord alles sehr einfach gehalten. Es gibt keine elektrische Wasserpumpe. Auf der *Ruth* hatte das Waschbecken keinen Abfluss nach außen. Unter dem Waschbecken hing ein Eimer. Jeder musste aufmerksam sein und den Eimer im Blick haben. Wenn er zu voll war, lief er über. Wir hatten auch kein Klo, nur einen Eimer. Es war auch keine Heizung an Bord, sondern nur ein Kohleofen. Es war immer eine wichtige Aktion, diesen Ofen anzuzünden. Feuer ist ein Element, das besonders für Jugendliche wichtig ist. Es ist eine der simpelsten Sachen, aber man muss es mal gemacht haben. Bei den Pfadfindern lernt man als erstes ein Feuer anzumachen. Kleines Holz auflegen, dann nachfüttern. Und wenn du zu viel auflegst glüht der Ofen oder du verbrennst dir die Finger.“

Auf der *Ruth* sei das schon sehr extrem gewesen, meint er, aber auch sehr lehrreich. Die *Platessa* hat sogar zwei WCs und alles komplett mit Tank. Das war ein Sprung. Aber das andere vorher sei eine wichtige Erfahrung gewesen, meint Ewald.

„Beim Segeln soll man die Elementarkräfte spüren. Was kommt da auf mich zu? Was bedeutet Wind überhaupt? Wenn wir das hier nicht gemeinsam festhalten, dann geht gar nichts mehr! Wenn die Fockschot volle Power hat, dann ist die wie Beton! Das lernen alle auf diesem Schiff. Es gibt viel mehr Einsatzmöglichkeiten für die ganze Crew, als auf einer Yacht. Du kannst zwölf Leute einsetzen. Man kommt natürlich auch mit weniger Besatzung aus. Aber man kann zwölf Leute sinnvoll einsetzen."

Wenn eine neue Gruppe an Bord kommt muss der Skipper schnell herausfinden, wer an welche Position kommen soll. Spätestens am nächsten Morgen beim Frühstück hat er man dann einen Plan. Erst nimmt er die „Quatschfreunde" auseinander. Es gibt vier Positionen an den Masten auf die er sie verteilt. Und dann guckt er nach den Kräften. Für manche beginnt etwas ganz Neues. Es bilden sich Teams. Auf der Steuerbordseite gibt es ein Team und an Backbord und vorne. Jeder kennt seine Position genau und im Ernstfall weiß jeder Bescheid was er tun muss.

„Manche merken an Bord, dass sie nichts fürs Segeln übrighaben. Bei Einzelbuchern kommt das eigentlich nicht vor. Die haben alle den gleichen Gedanken, die wollen segeln. Da hat man etwas Gemeinsames. Im September machen wir jedes Jahr einen Törn mit einer Waldorfschule. Der dauert zwölf Tage. Das ist jedes Mal eine ganze Schulklasse und da kann man nicht sagen, dass sie alle segelbegeistert sind. Die müssen eben mitsegeln. Aber wir versuchen sie alle irgendwie zu packen. Das ist enorm anstrengend für uns als Crew und Betreuer. Wir müssen drei Tage lang immer alles geben, um sie zu Seglern zu machen."

Richtig weite Törns sind wir nie gefahren.

Die weiteste Reise mit *Platessa* ging nach Kopenhagen und quer rüber nach Schweden. „Mir sind die weiten Fahrten nicht wichtig", sagt Ewald.

„Hier auf der Förde können wir so eine starke Welle haben, da steht das Schiff Kopf. Dafür braucht es keinen weiten Törn. Mit der *Ruth* bin ich mal rausgegangen, da hatte ich Schüler, die waren schon zwei Tage dabei und die kannten sich richtig gut mit den Manövern aus. Und dann habe ich mich dazu verleiten lassen rauszufahren. Wir haben da gewaltig einen auf die Nase bekommen. Als wir wieder in den Hafen einliefen, war das ganze Deck voll Sand. Es war ein Eindruck fürs Leben. Für die Schüler, aber für mich auch. Ich war froh als wir wieder drinnen waren."

Für Ewald ist es wichtig, dass so viele Gruppen wie möglich an Bord kommen und die Chance bekommen zu segeln. „Wir kommen ja manchmal noch nicht mal bis Dänemark, wenn das Wetter nicht stimmt. Aber die Entfernung ist ja nicht das Entscheidende. Das Wesentlich ist in der heutigen Zeit das Zusammenleben. Das Super-Erlebnis liegt manchmal in einer Sekunde. Man kann das gar nicht in Zeit messen. Wenn du gesegelt bist und hast richtig hart arbeiten müssen, denkst du das war ein ganzer Tag. Dabei war es nur eine halbe Stunde. Und wenn du in einer halben Stunde so viel geboten bekommst, wenn dir so viel abgefordert wird, du immer präsent sein musst, eine halbe Stunde lang oder eine Stunde total präsent, dann hast du das Gefühl, das sei ein ganzer Tag gewesen."

„Dass sie das mitnehmen können an Land, das ist das Entscheidende. Das bleibt haften. Du kannst diese Aufgabe nicht machen, wenn du sie nur aus materiellen Gründen machst. Das Materielle ist nur eine Grundlage, damit wir überhaupt ideell tätig werden können."

Aber es gehe nicht nur um die Schiffe. „Es stehen sehr unterschiedliche Philosophien und Lebenswege dahinter", erklärt er. „Wir sind ja alles sehr unterschiedlich. Das Einzige, was wir gemeinsam haben ist, dass wir Menschen sind. Es gibt so viele verschiedene Charaktere. Die wünschen sich alle eine Nische. Und du kannst dir die Schiffe alle angucken. Da ist der Skipper und die Gruppe ist um ihn herum und das muss zusammenpassen. Die Gruppen ändern sich, aber wenn der Skipper sich ändert, dann ändert sich alles."

Es geht doch weiter

Ewald hat mit 80 das Ruder weitergegeben. Seine Hoffnung, dass das Projekt weitergeführt wird, ist aufgegangen. Zwei junge Skipper haben die Führung des Schiffes übernommen. Was sich ändert, wird die Zukunft zeigen. Aber es geht weiter mit *Platessa*.

Ich habe viel Lehrgeld bezahlt
John

Es ist ein kalter, windiger Wintertag in Büsum. Die Fischkutter liegen dicht an dicht im Fischereihafen. Ganz am Ende, dort wo auch die Passagierschiffe anlegen, liegt der kleine Museumshafen, in dem dunkel und massig eine holländische Tjalk an der Pier liegt. *Labor Sanitas* steht in großen Buchstaben am Steven. Davor steht ein schwarzes Hollandrad mit einem Reklameschild das für Ausflüge mit dem Pfahlewers *Ronja* wirbt. An Bord der *Labor Sanitas* treffe ich den Eigner der beiden Schiffe, John.

Natürlich möchte ich das Schiff besichtigen, das er erst vor kurzem in den Niederlanden gekauft hat. Es ist ein Plattbodenschiff, eine alte Tjalk, die er, gemeinsam mit seiner Lebensgefährtin, aus den Niederlanden geholt hat. Ein mächtiger Mast ragt in den Winterhimmel. Alles ist von beeindruckender Größe, die riesigen hölzernen Seitenschwerter, die Ankerwinde. Man fühlt beim Gang über das stählerne Deck Tradition und Vergangenheit. Unter Deck wird es sachlicher, viele Kammern mit einfachen Kojen, Duschen und eine funktionelle Küche, in der für zwanzig Mitsegler gekocht werden kann. Ganz hinten, über einen eigenen Eingang zu erreichen, liegt das sogenannte Roof, das Reich des Skippers. Der kleine Wohnraum ist jetzt belegt von Werkzeugen und

Baumaterialien. Trotzdem ist es gemütlich und warm. Das Schiff verfügt über eine Zentralheizung. An den Wänden hängen gerahmte Schwarzweiß-Fotos, Dokumente der über hundertjährigen Geschichte der *Labor Sanitas.*

Der Skipper, in einem Alter, in dem andere daran denken sich zur Ruhe zu setzen, ist mit einigen Mitstreitern dabei sein neues Schiff für die erste Saison in Deutschland vorzubereiten. Vieles muss geändert werden, deutsche Vorschriften sind zu erfüllen.

Die *Labor Sanitas* ist nicht sein einziges Projekt. Der Skipper besitzt auch noch den vor Jahren eigenhändig nach historischen Plänen gebauten Pfahlewer *Ronja*. Mit beiden Schiffen, deren Heimathafen Wik auf der Insel Föhr ist, unternimmt er im Sommer Gästefahrten. Wie kommt jemand auf die Idee in so fortgeschrittenem Alter nochmal in ein so großes Projekt einzusteigen, frage ich ihn.

Es war gar nicht wirklich seine eigene Idee, sondern die seiner Freundin, gibt er zu. Sie wollte immer große Schiffe fahren, erzählt John. Jetzt haben sie gemeinsam zwei Jahre *Ronja* gefahren, aber dann meinte sie, das sei hauptsächlich sein Baby. Sie wollte etwas Eigenes haben. Über Facebook und andere Web-Seiten haben sie in Holland Angebote gefunden, sind schließlich für zwei Wochen hingefahren. Die *Labor Sanitas* hat ihnen von Anfang an am besten gefallen, obwohl sie vom Zustand her nicht das Beste gewesen sei. Es war die Form, sagt John. Sie fanden auch den Eigner sympathisch. Nachdem sie einmal mitgesegelt sind, war klar, dass sie sie kaufen wollen. Das sei eine reine Bauchgeschichte gewesen, so John. „Wirtschaftlich betrachtet ist das mit solchen Schiffen immer eine Nullnummer", meint er. „Man setzt finanziell eine Menge zu, und natürlich ist es viel Arbeit. Aber wir dachten, wenn wir die Miete sparen und auf dem Schiff wohnen, dann lässt sich das finanzieren."

Labor Sanitas ist bis 1996 Fracht gefahren und dann zum Charterschiff umgebaut worden. Der Voreigner hatte sie 17 Jahre, hat dann eine Familie gegründet und fährt jetzt für eine holländische Reederei nach Afrika. Immer sechs Wochen arbeiten und sechs Wochen frei. Das war für ihn wichtig, denn mit einem Traditionssegler hast du nie frei, erklärt John.

In Holland werden die Törns von großen Reedereien organisiert. 20 bis 30 Schiffe gehören zu einer Reederei. Die Eigner fahren auf eigene Rechnung und müssen viel fahren, weil ihre Schiffe über Bankkredite finanziert sind. Schiffe werden in Holland teuer gehandelt. Aber es wird selbst in Holland immer schwieriger einen Schiffskredit zu bekommen.

Ich habe meine früheren Schiffe immer über Schiffshypotheken finanziert, sagt John. Das macht heute keine Bank mehr mit. Da muss man versuchen irgendwie anders an Geld zu kommen. Zum Glück gibt es für *Labor Sanitas* für den Sommer schon die ersten Buchungen.

Wir müssen viel nachrüsten

Die ganze Elektronik muss ausgetauscht werden. In Holland war das Schiff in der Binnenfahrt. Es hat zwei UKW-Funkgeräte, die aber in Deutschland nicht zugelassen sind. Die vorhandenen Schwimmwesten sind nur für die Binnenfahrt zugelassen. Rettungsinseln müssen angeschafft werden. Die haben die Holländer gar nicht. John lacht als er darüber spricht. Die fahren in ihrem Revier zur nächsten Sandbank, wenn es kritisch wird. Da kann man zu Fuß nach Hause gehen. Es sind schließlich Plattbodenschiffe.

Diese Umrüstung kostet viel Geld. Alles muss von Fachfirmen gemacht werden, es muss zertifiziert und abgenommen werden und einen Stempel haben. Jeder Stempel kostet hunderte Euro. Früher sei man einfach erstmal losgesegelt. Es gab nicht so viele Sicherheitsvorschriften wie heute. Manche sind ja durchaus sinnvoll. Viele halte er aber für unnötig, erklärt John.

So müssen immer noch Signalflaggen an Bord sein. Wenn wir die hier setzen würden, wüsste kein Mensch, was das bedeutet, sagt der Skipper. Die benutzt heute niemand mehr. Und die Geräte die man heute anschafft, die sind in zwei Jahren veraltet, weil sich die Technik so rasant entwickelt. EPIRB-Rettungsbojen oder AIS-Transponder sind tolle Sachen. Da kann man im Notfall schnell gefunden werden. Aber wir fahren ja nur im Wattenmeer, da kommt man nicht weit. Wenn man hinter Helgoland Richtung England fährt, da macht das schon Sinn. Aber ich frage mich, ob es wichtig ist, dass das Mundhorn zertifiziert ist.

Mit dem Echolot ist das auch so eine Sache. Ein Holländer würde darüber nur lachen. Was soll ich mit einem Echolot, würde er fragen, ich habe doch Seitenschwerter. Wenn das Schwert Grund hat, dann wird es flach.

Die Törns mit *Ronja* laufen gut

Für *Ronja* sind mehr Interessenten da, als sie mitnehmen können. Das war ein Grund, warum das Skipperpaar dachte, sie könnten ein größeres Schiff gebrauchen. Und sie wollen gerne mehr Wattenmeer-Ökologie machen und auch mehr Gruppen fahren und dafür ist dieses neue Schiff besser geeignet. Für *Ronja* hatten sie oft so große Gruppen, dass sie ein zweites Schiff dazu holen mussten.

Auf *Ronja* können acht Leute übernachten, auf *Laobor Sanitas* sind es zwanzig. Manchmal gibt es Anfragen von großen Gruppen. Mit einer Sporthochschule machen sie oft mehrtägige Seminarveranstaltungen mit ungefähr fünfundzwanzig Leuten. Dafür mussten sie bisher mit anderen Schiffen gemeinsam fahren. Jetzt können sie das mit den eigenen Schiffen machen. Sie arbeiten auch mit dem Nationalparkhaus auf Föhr zusammen. Das ist immer eine gute Kombination, meint John, weil man so Segelinteressierte und Naturliebhaber unter einem Hut zusammenbekommt. Das soll ausgebaut werden.

Die Schiffe fahren nebenbei

Leben können sie von den Schiffen nicht. John hat einen Job als Segellehrer auf Föhr in Festanstellung. Es ist schwierig, die Segeltörns nebenbei zu machen. Im März müssen die Stationen am Strand aufgebaut und die Boote hergerichtet werden. Das dauert vier bis sechs Wochen. Oft zieht es sich bis Mitte oder Ende April, bis wieder alles soweit ist. Im Herbst muss die Station wieder abgeräumt sein. Der Segelschulbetrieb läuft bis Ende Oktober. Das macht John jede Woche an sieben Tagen. Aber es geht nur bei Hochwasser. Das bedeutet, dass er von drei Stunden vor bis drei Stunden nach Hochwasser, also sechs Stunden jeden Tag, für die Segelschule da ist. Im Winter hat er 3 Monate frei.

Bei Niedrigwasser fährt er mit *Ronja* raus. Meistens sind das Touren von zweieinhalb bis drei Stunden. In der Regel macht er eine Tour am Tag, im Juli und August zwei Touren. Es gibt auch Tagesfahrten, Wochenendtörns oder auch mal eine ganze Woche. Das macht er im Urlaub.

Manchmal ist zwischen Strand und Hafen oder umgekehrt nur eine Stunde Zeit. Das geht so, sagt John, schnell anlegen mit *Ronja*, ab aufs Rad, zum Strand fahren. Dann sind die Boote schon aufgebaut und die Leute stehen da und warten. Ich springe in den Neoprenanzug und raus geht's aufs Wasser. Da kommen schon mal zwölf Stunden am Tag zusammen.

Aber anders kann man so ein Schiff nicht unterhalten. Das Geld, das er im Sommer verdient, steckt er für Unterhalt und Pflege wieder rein. Mal ist was mit der Maschine, mal mit der Elektrik. Jetzt musste ein neues Segel bestellt werden. Die Traditionsschiff-Abnahme steht wieder an. *Ronja* wird viel genutzt und viel gefahren. Das bedeutet, dass da auch viel Verschleiß ist. Im Winter hat John mindestens zwei Monate mit Reparaturen und Instandsetzung zu tun. Alles muss handwerklich gut ausgeführt werden, denn im Sommer darf nichts kaputt gehen. Dafür ist keine Zeit.

Die Gäste kommen hauptsächlich über den Veranstaltungskalender der Insel. Föhr ist eine Familieninsel und die Urlauber wollen gerne etwas mit der ganzen Familie unternehmen. Die Kombination mit der Segelschule sei für ihn ein Gewinn, erklärt John. Die Kinder machen einen Surfkurs oder Kiten, und dann fahren sie als ganze Familie mal auf der *Ronja* mit. Oder sie haben auf *Ronja* Spaß gehabt und beschließen einen Segelkurs zu machen.

Es fängt immer alles mit einer Idee an

Seit 1997 mache er diese Touren mit *Ronja* nun schon. Fünf Jahre hat er daran gebaut. Das begann natürlich auch wieder mit einer Idee. Er habe schon viele Schiffe restauriert und wieder in Fahrt gebracht, erzählt er. Er hat viel Lehrgeld bezahlt, aber viel gelernt. Irgendwann entstand sein Traum, ein Schiff selbst zu bauen. Zum Pfahlewer ist er gekommen, weil er ihm gefiel und leicht zu bauen war.

Man darf bei so etwas nicht viel nachdenken, meint der Skipper. Entweder man macht das oder man lässt es bleiben. Wenn du anfängst Zeit und Geld zu kalkulieren und dich zu fragen, ob es sich rechnet, dann lässt du es am besten gleich sein, ist seine Meinung. Man muss das wollen und man muss es einfach machen, sagt er. Tat oder Tod, hat sein Freund Martin immer gesagt.

Wir haben mit allem verdammt viel Glück gehabt, fährt er fort. In der Szene hatte sich schnell herumgesprochen, dass er einen Pfahlewer bauen wollte und es sei dann alles zu ihm gekommen. Er lernte jemanden kennen, der einen Privatwald besaß. Dort durfte er mit seinen Mitstreitern die krummen Eichen rausholen. Der Mann war froh, dass er das ganze krumme Holz losgeworden ist, denn er konnte nichts damit anfangen, außer Brennholz zu machen. Das war damals wertlos und John war froh, dass er Krummholz bekommen hat.

Dann war da jemand der ein uraltes, kleines Sägewerk hatte, ein sogenanntes Horizontalgatter. Mit dem wurde dann 10 Tage lang das Holz aufgesägt. Einen Bauplatz fand er bei seinem Freund Thomas auf dessen Bauernhof. Da liefen nur ein paar Schafe, er konnte seinen Wohnwagen aufstellen und anfangen zu bauen. Dann kamen reisende Zimmermannsgesellen zu Hilfe. Unter denen hatte es sich herumgesprochen, dass es in Dithmarschen eine ganz besondere Baustelle gibt. Die kommen teilweise heute noch und segeln mit.

Nur so funktioniert das, ist Johns Fazit. Wenn man ein fünfzehn-Meter-Schiff von einer Werft bauen lässt, sei das unbezahlbar. Was Ronja wert ist, kann er nicht sagen. Wahrscheinlich nicht viel. Der Bootsmarkt sei im Keller, sagt er. Für ihn ist nur wichtig, es gemacht zu haben. Darum geht es ihm. Ich hätte ja auch einfach ein paar Jahre unter einer Palme liegen können, meint er. Aber ich hatte immer Lust auf Schiffe und Segeln und auch zum Bauen. Und ich habe diese ganze Erfahrung gesammelt. Das ist mir wichtig.

Es hat ihn immer interessiert, wie die Leute früher mit solchen Schiffen gesegelt sind, wie sie gelebt und gearbeitet haben. Heute wollen alle gerne hören, dass wir hier an Bord traditionelle Seemannschaft betreiben, sagt er. Aber die traditionelle Seemannschaft, die gibt es gar nicht mehr, weil die Schiffe bis unters Dach vollgestopft sind mit Elektronik. So fahren wie das traditionell mal war, das könne man heute nicht mehr. Ohne Motor käme man nicht einmal aus dem Hafen. Eine Woche unterwegs sein ohne die Maschine anzureißen geht auch nicht, weil alle Termine haben. Da ist das mit der traditionellen Seemannschaft schon gelaufen.

Ronja wurde in traditioneller Weise aus Holz gebaut. Natürlich haben wir Maschinen verwendet, erzählt John. Aber wir haben versucht, so viel wie möglich die traditionellen Arbeitstechniken anzuwenden. Dass es heute andere Werkstoffe gibt, wie chemische Farben, kann man sich zunutze machen. Früher hatten hölzernen Arbeitsschiffe eine Lebensdauer von fünfzehn bis zwanzig Jahren, dann waren sie kaputtgesegelt. Heute halten sie viellänger, weil man das Holz besser konservieren kann.

Die Mitsegler suchen das Besondere

Es ist für die Mitsegler auf *Ronja* wichtig, dass sie ein kleines bisschen von dieser traditionellen Seemannschaft mitkriegen. Es gibt keine hydraulischen Winschen oder modernes Dyneema-Tauwerk. Die Leute wollen mitmachen und selbst ein Segel hochziehen oder an einer Schot reißen. Selbst wenn wir nur eine kurze Tour machen und wir beim Wenden nur mal die Fock auf die andere Seite nehmen müssen, dann merken sie plötzlich, was da für ein ungeheurer Zug drauf ist. Dann müssen sie alle zusammen festhalten und ziehen, weil es einer alleine gar nicht schafft und zwei schaffen das auch nicht. Oder sie lernen wie man einen richtigen Seemannsknoten macht, der auch hält. Viele kommen zwei oder drei Mal im Monat, weil sie es einfach gut finden. Oder sie fragen, ob sie mal einen ganzen Tag segeln und an Bord sein können und dann segeln wir rüber zu einer Hallig. Es geht nicht darum etwas geboten zu bekommen und zu konsumieren. Die Leute wollen was Authentisches und ich versuche, das zu vermitteln. Internet und Google ist überall. Alles ist gleichgeschaltet und genormt. Die, die hier mitkommen, die suchen etwas Anderes.

Wasser und Schiffe gehörten immer zu meinem Leben

Bootsbau, Schiffbau und Schiffe zu fahren hat John schon als Kind interessiert und fasziniert. Er ist direkt am Flensburger Hafen aufgewachsen. Auch seine Mutter ist in ihrer Jugend ganz viel gesegelt. Mit ihren 85 Jahren ist sie immer noch begeistert mit dabei und segelt mit. Vielleicht hatte sie mich schon vor der Geburt mit dem Segelvirus angesteckt, meint John lachend.

Meine Eltern hatten kein Boot, erzählt er. Aber da waren ein paar Bekannte von ihnen, die Boote hatten. Das waren damals alles Holzboote. Holzboote haben eine besondere Ausstrahlung. So ein Boot zu bauen, zu pflegen und zu unterhalten, damit zu fahren und damit umzugehen, hat für mich etwas Künstlerisches. Ein Holzboot ist Kunst. Ich hatte schon als Kind den Traum, so ein Boot zu haben. Wenn im Winter lange Ostwind war, dann waren in Flensburg der Hafen und die Straßen unter Wasser und dann habe ich alte Tannenbäume zusammengebunden und bin damit auf der Straße geschippert.

Mit dreizehn hat er sich einen Opti aus Sperrholz gebaut, der aber nie richtig dicht war und immer schnell unterging. Als er sechzehn war, bekam er einen Schärenkreuzer geschenkt, der schon komplett weichgesegelt war. Das Holz wird mit dem Alter weich. Sie mussten immer zu Dritt sein, denn zwei waren ständig an den Pumpen. Heute könnte ich das reparieren, sagt er, aber damals hatte er weder Geld noch die fachlichen Kenntnisse.

Danach war es ein Rettungsboot, sechs Meter lang, aus Eiche, das er mit seinem Freund Thies reparierte. Thies segelt seit dreißig Jahren mit der *Wanderer III*. Mit Thies ist er schon zur Schule gegangen. Der war damals schon in der ganzen Welt unterwegs. Ihr Boot nannten sie „Moana". Das ist Samoasprache und bedeutet „Tiefes blaues Meer". Thies war schon mit neunzehn auf Samoa gewesen. Sein Opa oder Großonkel war damals dort Hafenkapitän. Es gibt zwei Samoainseln. Die eine ist unabhängig und die andere ist amerikanisch. Zu der Zeit, als Thies dort war, wollten die Bewohner der unabhängigen Insel keine Fremden haben, erläutert John. Man hat immer nur ein Visum für drei Tage bekommen. Aber weil sein Opa Hafenkapitän gewesen ist, durfte Thies länger bleiben. Er ist aber doch zurückgekommen. Angeblich sollte er mit einer Häuptlingstochter verheiraten werden. Thies ging schließlich nach Dänemark, machte eine Bootsbauer-Lehre und kaufte die *Wanderer III,* das Boot, das er bis heute mit seiner Frau segelt.

Es ging John und Thies immer um Bootsbau und das Bewahren von Seemannschaft. Sie sind ohne Motor oder teure Ausrüstung gesegelt. Das macht Thies heute noch. Der hat heute noch keine Elektronik an Bord, segelt aber weltweit, sagt John. Man muss so leben, wie man es für richtig hält, darum geht es.

Zur traditionellen Seemannschaft gehört aber nicht nur das Segeln als solches, sondern es gehört eine Lebensphilosophie dazu, fährt John fort zu erzählen. Es sei der bewusste Verzicht auf viele Annehmlichkeiten des modernen Lebens. Es geht ihm darum, die Basics zu bewahren, wie er sagt. Ich glaube, dass wir heute in einer Zeit der totalen Entfremdung von der Natur und dem naturnahen Dasein leben, sagt er. Es dürfe nicht dabeibleiben, Bücher über etwas zu lesen und sich theoretisch damit auseinanderzusetzen. Man muss es auch tun. Das war für ihn immer wichtig.

Yachten sind eine andere Szene

Bei den klassischen Yachten scheint es nur um Prestige zu gehen. Da spiele Geld oft keine Rolle, ist seine Meinung. Das ist nicht sein Ding. Ihn haben aber schon immer die ehemaligen Berufsschiffe, diese Arbeitstiere, wie er sie nennt, begeistert. Früher haben ganze Familien auf so einem Schiff gelebt. Es konnte eine Familie ernähren, wenn auch nicht wirklich gut. Das war manchmal gefährlich und im Winter kalt, aber ich glaube, sie waren mit dem zufrieden, was sie hatten, sagt er. Das sind andere Werte, als die, die heute so propagiert werden. Was bringt uns eine Anhäufung von Reichtümern? Was habe ich davon, mir jedes Jahr ein neues Handy zu kaufen? Ich will bewusst darauf verzichten. Meine eigenen Arbeits- und Lebensbedingungen selbst zu gestalten, das gehört für mich unbedingt zum Leben.

Kürzlich kam ein junger Fischer zu Besuch, erzählt John. Den kenne ich von Föhr, der ist so um die zwanzig und fährt jetzt den Kutter seines Vaters. Der sagte mir, das Schönste an dieser Arbeit sei, nach 16 oder 18 Stunden fischen, den Anker zu schmeißen, in die Koje zu gehen und die Eiderenten schnattern zu hören. Der kann das genießen, wenn er draußen ist. Krabbenfischer ist ein harter Job. Aber das ist sein Leben. Da hat er Lust drauf und dann sagt er, draußen am Anker ist es viel schöner als im Hafen. Das ist die Belohnung für die Entbehrungen, für einen harten Job. Und dann schläft er drei, vier Stunden und dann geht es weiter. Deswegen macht er diesen Job. Man hat ja immer die Wahl. Man kann einen anderen Job machen, bei dem man schön im warmen Büro sitzt. Wenn einem dann der Rücken wehtut denkt man, hoffentlich ist bald Feierabend, dann fahre ich ins Fitnessstudio. Da gebe ich mein Geld wieder aus, das ich gerade verdient habe.

Die Freundschaft mit Thies besteht heute noch. Vor zehn Jahren war John mit ihm sechs Wochen in Australien und Tasmanien. Thies war dort mit seinem Boot unterwegs. Letztes Jahr kam er an Bord von *Ronja* zu einem Tagesausflug.

Schon im Alter von siebzehn, achtzehn und neunzehn haben sie sich mit ihrer Lebensphilosophie auseinandergesetzt. Sie lasen viel. „Walden" von Henry David Thoreau war zu der Zeit wichtig. Damals ging es allen um alternative Lebensformen. Die Anti-Atomkraft-Bewegung kam. Viele haben versucht eine neue Lebensform für sich zu entwickeln. Wenn man gegen Atomkraft ist, dann muss man auch verzichten, ist Johns Meinung. Wenn man nicht so viel Strom verbrauchen will, was macht man dann? Man macht eine Petroleumlampe an. Das geht irgendwie Hand in Hand. Und dann fährt man eben nicht mit einem schnellen Auto durch die Gegend, sondern man segelt ohne Motor.

Dann gab es im Leben von John den amerikanischen Künstler Scott Kennedy. Scott und seine Frau hatten sich einen dänischen Fischkutter gekauft und darauf gelebt. Eigentlich wollten sie nach Amerika zurücksegeln. Das hat aber nicht funktioniert, weil sie kein Geld hatten. John erinnert sich daran, dass sie sich wochenlang von Reis mit Ingwer ernährt haben. Aber sie lebten ganz konsequent, sagt er bewundernd. Scott hat gemalt und gezeichnet. Die Motive waren oft traditionelle Schiffe und Werften. Hier bei mir an Bord hängt ein Original von ihm, das er für meinen Vater gemalt hat. Dafür hat er ein paar Schuhe aus dem Schuhladen meiner Eltern bekommen.

Kennedy und seine Frau lagen mit ihrem Boot oft in der Flensburger Förde vor Anker, weil sie kein Geld für einen Liegeplatz hatten. Die hatten nichts, meint John. Scott war eine sehr prägende Gestalt in Johns Leben.

Über die Kennedys hat John dann auch Hartwig kennengelernt. Als er seine Bootsbauer-Lehre begann, zog er zu ihm auf die *Phönix*, einem Fischkutter ohne Motor. Der Motor stand an Deck. Gemeinsam auf dem Fischkutter zu wohnen, war ein sehr eindrückliches Erlebnis. Es gab nur ein enges hölzernes Steuerhaus. Einer konnte sitzen, einer konnte liegen.

Ab und zu musste man sich abwechseln. Vorne, wo das Steuerrad war, gab es eine Art Kleiderschrank, einen zweiflammigen Herd und einen Ölofen.

Es sind die Menschen, die mir wichtig sind

Man lernt immer genau die Leute kennen, die man gerade braucht, ist Johns Philosophie. Man findet sie oder sie finden dich. Wenn man intensiv auf der Suche nach irgendetwas ist, dann findet man es. Man findet Gleichgesinnte. Andere finden ihre Drogen oder ihren Chefsessel. Auf der Ostseewerft an der Schlei begegnete er während seiner Lehre Martin, der heute eine Werft in Neuhaus an der Oste betreibt. Man sieht sich nicht viel, aber begleitet sich doch irgendwie durchs Leben, sagt John. Mit meinem Freund Sönke-Peter ist das auch so. Unsere Kinder sind befreundet und haben viel miteinander zu tun. Auch der Sohn von Thies ist mit meinem Sohn befreundet. Darüber freue ich mich.

Seit zwei Jahren fährt ein Junge als Bootsmann bei John mit oder hilft an Bord, immer wenn er Zeit hat. Das ist ein gescheiterter Typ von der Straße, erklärt John. Ich habe 10 Jahre lang Sozialarbeit gemacht. Dabei habe ich ihn kennengelernt. Der liest jetzt die Bücher von Hiscock. Ich habe mich viel mit ihm unterhalten, ihm ein bisschen erzählt und ihm ein Buch in die Hand gedrückt. Hiscock ist mehr im englischsprachigen Raum bekannt. Jetzt hat der alle Bücher von Hiscock gelesen. Vielleicht wird das mal ein Nachwuchskapitän - wenn er nicht mehr so viel säuft. Der hat seinen Lebensweg noch nicht gefunden, weiß John.

Ich habe das Glück gehabt, dass ich mein Leben einigermaßen so gestalten konnte, wie ich das wollte, meint er. Man kann doch nicht vierzig oder fünfzig Jahre lang irgendeinen Job machen, nur um Geld zu verdienen.

Geldverdienen als Lebensinhalt war nie sein Ding. Er wollte etwas Ursprüngliches machen. Das war für ihn Handwerk. Als Handwerker braucht man nie zu hungern, war seine Devise. Solange man gesund ist, gibt es immer irgendwo Arbeit. Trotzdem gab es Zeiten in denen er überhaupt kein Geld hatte, gesteht er. Als Hartwig und ich auf der *Phönix* wohnten, haben wir uns mal Kartoffeln vom Werftchef geborgt, damit wir was zu essen hatten, erzählt er. Einmal die Woche gab es dänische Leberpastete für sechs Kronen. Die haben wir uns für die ganze Woche eingeteilt. Aber das war für uns in Ordnung.

Als dann mein Sohn bei mir gelebt hat und zur Schule ging, hatte ich nicht die Möglichkeit mit dem Schiff zu fahren. Ich musste sehen, wo ich Geld für Miete und Lebensmittel herbekomme. 15 Jahre lang habe ich dann alles Mögliche gemacht. Jahrelang habe ich als Tischler und Reetdachdecker gearbeitet. Ich war mal Fahrradkurier und Streetworker und auch eine Weile bei der Bahnhofsmission. So hatte ich mein festes Einkommen. Das habe ich jetzt durch die Segelschule ja auch. Wegen Sicherheit und Rente.

Dann habe ich bei einem Verein für Jugendhilfe angefangen. Wir reparierten mit den Jugendlichen Boote und sind gesegelt. Zu vielen dieser Jugendlichen habe ich noch Kontakt. Da ist einer, der war damals so vierzehn oder fünfzehn. Er musste Sozialstunden ableisten. Ich glaub, ich konnte ihm etwas vermitteln. Nicht nur, wie man einen Palstek macht, sondern auch was fürs Herz. Vor zwei Jahren ist der nochmal eine Woche mitgesegelt. Er ist inzwischen über dreißig, studiert Philosophie und machte dafür ein Praktikum an Bord. Er forscht über Wissensvermittlung und wollte sehen, wie das auf dem Schiff funktioniert. Es ging darum zu beobachten, wie man Leute, die von nichts eine Ahnung haben und auf einem Schiff mitfahren, anleitet, damit sie Ruder gehen oder Manöver fahren können.

Geld ist eigentlich immer ein Problem

Einerseits geht es um Lebensphilosophie und Bauchgefühl. Aber dann kommt die Bank und fragt nach einer Umsatzvorausberechnung für die nächsten drei Jahre. Ich weiß ja gar nicht, ob ich da noch lebe, ereifert sich der Skipper. Die meinen, ich müsste doch wissen, was ich in drei Jahren verdiene. Das weiß ich nicht. Die Banker wissen doch selber nicht was in drei Jahren ist.

In Büsum gab es die „Sturmflutwelt Blanker Hans". Millionen von Fördergeldern sind da rein gegangen. Weil die hochgerechneten Besucherzahlen aber nie gekommen sind, war da schnell wieder alles vorbei. Diejenigen die richtig viel Geld haben wollen, die machen eine Berechnung, die ist an einem Nachmittag fertig, sagt John. Soll ich das auch so machen?

Es gab eine Menge Schiffe in meinem Leben

Vor *Ronja* hatte ich zwei Plattbodenschiffe. Das war *Jonas von Friedrichstadt*, ein Ewer und vorher *De Drie Gebroeders*, ein holländisches Skütje. Das sollte eigentlich in den Schrott und ich dachte mir, ich könnte eine schwimmende Bootsbau-Werkstatt daraus machen. Die Geburt meines Sohnes kam dazwischen. Dadurch wurde vieles anders.

Danach kam die *Jonas von Friedrichstadt*. Die Eigner hatten Windkraftversuche damit gemacht, als es an Land noch keine Baugenehmigungen für Windkraftanlagen gab. Das Schiff sollte vor Anker liegen und der darauf montierte Rotor konnte sich immer in den Wind drehten. Die Idee war gut, hat aber nicht funktioniert. Dann lag der Ewer jahrelang in Husum. John hat sie damals für 5000 Mark gekauft. Fünfzigtausend wollten sie haben, erinnert er sich. Ich habe sie runtergehandelt und nachher konnte ich den Autopiloten und die Ruderhydraulik verkaufen und hatte das Schiff umsonst. Wir haben zwei Jahre dran gearbeitet und es nach den Originalplänen wieder aufgebaut. Es wurde ursprünglich in Holland als Besan-Ewer, also mit zwei Masten, gebaut und davon gab es Zeichnungen.

Von *Labor Sanitas* gibt es gar nichts Schriftliches mehr, keine Pläne, keine Dokumente. Das Schiff wurde 1896 gebaut. Im Krieg hat der Eigner das Schiff versenkt, damit es ihm nicht weggenommen wird, denn aus vielen Stahlschiffen wurde damals Munition gemacht. In den Schiffen waren ja noch keine Maschinen, keine Elektronik, keine Elektrik. Die konnte man einfach versenken. Nach dem Krieg wurden sie wieder gehoben.

Es gibt in Holland immer noch ein altes Gesetz aus der Zeit der Ostindien-Kompanie, das es der Regierung im Bedarfsfall erlaubt jedes Schiff zu rekrutieren, weiß John. Alle Schiffe sind dort staatlich registriert. Es ist gar nicht einfach, solch ein Schiff aus Holland wegzukaufen. Für die Holländer sind sie ein wichtiges Kulturgut. In Holland schwimmen in einem Hafenbecken so viele Traditionsschiffe, wie es hier an der ganzen Küste nicht gibt. Die Holländer haben einen ganz anderen Bezug dazu. In Deutschland sind Traditionsschiffe lediglich eine schöne Kulisse für einen Hafengeburtstag. Hier hat noch niemand realisiert, dass Schiffe auch Kulturgut sind. Dabei sind sie Teil unserer Tradition und der Geschichte dieses Landes.

Ich würde heute einiges anders machen
Joachim

Ryvar liegt auf dem großen Slip in der Werfthalle von Henning Eberhard in Arnis an der Schlei. Der hat den Werftbetrieb vor ein paar Monaten übernommen. Eigentlich sollten die Gebäude abgerissen werden. Ein Investor wollte Eigentumswohnungen bauen. *Ryvar* ist ein dreißig Meter langer Heringslogger aus Norwegen, der 1916 gebaut wurde. Sein jetziger Eigner, Joachim, steht hoch oben auf einem Gerüst und malt das Unterwasserschiff mit einer Rolle an einem langen Stiel blau.

„Ich will eben noch dieses Feld fertig malen, dann komme ich", ruft er herunter. Die Liegezeit in der Halle ist kostbar. Nicht nur unter Wasser, sondern auch an Deck soll gemalt werden, damit das Schiff im Frühjahr wieder seeklar ist. *Ryvar* bekommt in diesem Jahr auch einen neuen Großmast. Der Baumstamm, aus dem er gebaut wird, liegt bereits neben der Halle. Wenn man so unter dem Rumpf steht, sieht man erst, wie groß das Schiff ist. Unter Wasser ist *Ryvar* hinten breit und vorne scharf geschnitten, die Schraube und das Ruder haben gewaltige Ausmaße. Über eine Treppe und Gangway gelangt man an Deck. Der Besanmast liegt an der Seite, aber ansonsten ist es hier sehr aufgeräumt. „Wir wollen hier oben morgen anfangen zu malen", erklärt Joachim, „da muss alles frei sein."

Auch unter Deck sieht es aufgeräumt aus, aber Tische und Bänke sind mit Segeln, Blöcken, Leinen und Drähten belegt. Ein Tisch ist für die Mittagspause frei geblieben. Es ist angenehm warm. Die Zentralheizung läuft. Joachim wäscht sich erst mal gründlich die Hände. Er trägt einen Arbeitsoverall und eine warme Fließjacke darüber. „In der Halle zieht es manchmal ziemlich. Das ist der Nachteil der Hallenarbeit", erklärt er.

Wir setzen uns an den großen Holztisch und Joachim erzählt wie das mit der Werft hier im Ort gelaufen ist und kommt dann auf seine eigene Geschichte. „Der neue Werftchef ist jetzt noch noch keine vierzig, also in einem Alter, in dem man noch was bewegt. So alt war ich, als ich *Ryvar* übernommen habe. Das war 1995. So zwischen dreißig und vierzig fängt man die meisten entscheidenden Dinge im Leben an, ist er überzeugt. Jetzt ist er sechzig. Ich merke, sagt er, dass die Bereitschaft manche Sachen zu machen, nachlässt. Nachtschicht zum Beispiel. Das mache er nicht mehr. Für mich beginnt jetzt eine Art Endphase mit diesem Schiff, ergänzt er. Vielleicht auch nicht. Aber ich denke darüber nach, *Ryvar* zu verkaufen.

Joachim ist in Schleswig am Holm aufgewachsen. Das liegt direkt am Wasser und am Hafen. Die Segel-Gene habe er wahrscheinlich von seinem Vater geerbt. Der ist in Königsberg in Ostpreußen gesegelt. Dann kamen die Eltern nach der Flucht nach Schleswig. Ein paar Jahre besaß er ein kleines Motorboot. Er starb als Joachim vierzehn war. Seglerisch groß geworden ist der Junge im Schlei-Segelclub in Schleswig. Er hat sich dort auch immer nebenher etwas verdient, hat für andere geschliffen und lackiert. Natürlich hatte er dann auch eigene kleine Boote. Anfangs war das eine OK-Jolle. Damit hat er erst richtig segeln gelernt. Dann kamen zwei Jollenkreuzer, dann eine Elf-Meter Stahlyacht und dann eine Zeitlang nichts, weil er verschiedene Schiffe für andere geschippert hat.

Da die Vorstellungen zwischen Eigner und dem Skipper manchmal erheblich auseinander gingen, kam der Gedanke etwas Eigenes zu machen. Als gelernter Tischler lag das nahe. „Leider hat mich mit sechsundzwanzig das Schicksal ganz blöde ereilt", erzählt er. „Ich habe mich umgemeldet, weil ich umgezogen war. Dadurch ist die Bundewehr auf mich aufmerksam geworden. Die hatten mich nämlich vergessen. Ich war eine Karteileiche. Und mit 28 zogen sie damals niemanden mehr ein. Somit hatte ich den größten Fehler gemacht, den man machen konnte. Plötzlich sollte ich zur Bundeswehr. Ich habe dann den Wehrdienst verweigert und Zivildienst gemacht. Direkt danach wollte ich eigentlich ein Jahr segeln. Und dann kam der zweite Fehler. Ich ging am Hafen spazieren. Und da lag die *Carmelan* und Eigner Hagen brauchte dringend einen Skipper."

Der hatte vorher nicht so viel Glück gehabt. Bei ihm gab es eine Gruppe, da stand im Kalender „nicht Norbert oder Heiner". Die beiden hatten sich der Gruppe gegenüber ziemlich danebenbenommen. Die Gruppe hat dann gesagt, wir buchen wieder, aber nicht mit dieser Besatzung. Für Joachim war die *Carmelan* eine große Nummer. „Ich hatte immer nur gestaunt, wenn ich gesehen habe, wie die *Carmelan* segelt." Das Schiff hatte ein hohes Rigg und legte sich daher früh auf die Seite. Kippen konnte es nicht. „Es hat sich gesegelt wie eine Jacht und nicht wie ein Traditionsschiff oder wie ein Kutter", erinnert sich Joachim. „Das habe ich zwei Jahre gemacht, aber dann ging das Schiff in ein Projekt in die Karibik. Und ich wollte ein eigenes Schiff haben."

Ein eigenes Schiff

Die Idee hatten auch seine Freunde Frank und John. Sie kommen alle aus Schleswig. Joachim hatte damals den Traum von einem Logger, aber als ihm die *Platessa*, ein hölzerner Haikutter über den Weg lief, griff er zu. Sie war ein Wrack aus dem Kohlenschiffhafen in Hamburg, ein aufgegebenes Projekt. Das Schiff hatte er fünf Jahre früher schon mal in Esbjerg in Dänemark gesehen. Da lag sie untergegangen im Hafen. Er war damals mit Frank auf der Suche nach einem Rumpf. Für die beiden war das nichts, aber drei oder vier Studenten aus Hamburg haben das Schiff gehoben, kalfatert, schwimmfähig gemacht und nach Hamburg geschleppt. Das war aber die einzige Aktion die sie gemacht haben. Danach lag es fünf Jahre im Hafen in Hamburg bis Joachim es kaufte. Das war etwa 1987. In Fahrt gegangen ist *Platessa* 1993. Es war aber ein weiter Weg bis dahin und zwischendrin war er kurz davor die Sache aufzugeben. Schließlich hat er sich selbst eine Frist gesetzt. Er wollte das Schiff im Jahr 1992 voll angeschoben haben. Wenn er das nicht schaffen würde, dann wollte er sie entweder verkaufen oder verschenken oder, schlimmstenfalls, auch zersägen. Für ihn war klar, dass er sie nicht jahrelang einfach nur da liegen lassen wollte, ohne damit zu fahren. Das ging nicht. Nachdem er sich entschieden hatte, sie fertig zu machen, ging alles plötzlich ganz blitzartig. Zwischendurch lief ihm noch ein Colin Archer über den Weg, den er auch noch übernahm. Außerdem hatte er auch noch eine Segelschute. So waren da plötzlich drei Schiffe. Den Colin Archer hat er überholt und weiterverkauft. Die Schute hatte er für eine Mark erworben, mit einem Tieflader nach Schleswig gebracht und dort ins Wasser gesetzt. Sie wurde dann sein Materiallager als er *Platessa* ausbaute. Das war eine gute Sache, meint er. Im Sommer 1993 landete er mit *Platessa* und der Schute in Flensburg. Er hatte inzwischen geheiratet und das Paar begann von Flensburg aus mit Charterfahrten.

Die erste Saison war kurz, weil das Schiff so spät im Jahr fertig geworden war, dass die Segelsaison schon halb vorbei war. Die zweite Saison, 1994 haben sie dann vollständig gefahren. Eines Tages lagen sie zufällig in

Egernsund in Dänemark, zusammen mit anderen Schiffen. Es ergab sich bei einem Feierabendbier ein Gespräch unter Kollegen. Einer fragte Joachim was sie machen werden, wenn ihr zweites Kind zur Welt käme. Mit Kindern an Bord zu wohnen sei doch schwierig, meinte der Skipper. „Klar, segeln wir weiter und wohnen auch weiterhin auf unserem Schiff", meinte Joachim locker und selbstbewusst. „*Platessa* ist außerdem noch nicht ganz fertig. Aber irgendwann wollen wir ein größeres Stahlschiff haben." Der Kollege fragte dann nach dem Preis. Drüber hatte sich Joachim noch keine Gedanken gemacht, weil sie ja gerade erst anfingen überhaupt damit zu segeln. Er dachte kurz nach und erklärte dann, dass er auf jeden Fall seine Investitionen heraushaben wolle. Das waren 350.000DM.

Er hat das Gespräch dann auch schnell wieder vergessen. Ihm war gar nicht bewusst gewesen, dass es sich um ein sehr ernsthaftes und keinesfalls zufälliges Verkaufsgespräch gehandelt hatte. Der Interessent war Ewald aus Eckernförde. Der rief dann die Woche darauf an und fragte, ob das Angebot noch stehe. Und Joachim antwortete, „ja, das Angebot steht noch, aber *Ryvar* ist noch nicht ganz fertig. Wir wollen bestimmte Arbeiten noch erledigen." Ewald bat um eine Bedenkzeit von vier Wochen, weil er erst mal sehen musste, ob der Verein, für den er arbeitete, das Geld zusammen bekommen konnte. Schließlich hat er das Schiff tatsächlich gekauft, mit Kundenstamm, Adressenliste und allem Drum und Dran. Die meisten Kunden sind auch beim Schiff geblieben. Ewald ist jetzt 80 Jahre alt. Dass Ewald *Platessa* so viele Jahre behalten und geskippert hat, das ist schon toll, sagt Joachim bewundernd.

Ryvar

Nachdem 1995 *Platessa* verkauft war, fand Joachim sein neues Schiff in Norwegen. Es war mit dreißig Metern Länge viel größer als *Platessa* und es war endlich der Logger, von dem er und seine Frau Jenny schon lange geträumt hatten. Sie waren froh, so schnell die Chance zu haben mit einem größeren Schiff weiterzumachen. Erst jetzt wurde ihnen bewusst, wie eng es bisher gewesen war. Auf *Platessa* wäre es nicht realisierbar gewesen als Familie mit zwei Kindern zu wohnen und gleichzeitig mit Chartergruppen zu fahren. „Mit meiner heutigen Erfahrung würde ich die Familienplanung vom Charterschiff komplett trennen", gesteht Joachim sich heute ein. „Wir haben das zwar ganz gut hinbekommen, aber als wir dann an Land lebten, haben sich die Kinder besser und schneller entwickelt. Motorisch entwickeln sich Kinder auf einem Schiff vielleicht besser, aber manches fällt eben flach. An Land haben sie plötzlich Fahrradfahren gelernt. Wenn man privat und nur zum Spaß segelt, wie das viele Weltumsegler tun, ist das alles topp. Aber mit dem Charterfahren ist das was anderes. Die Kinder haben keine gleichaltrigen Freunde, sie sind nur mit Erwachsenen zusammen. Die Kleine war nur die ersten zwei Jahre an Bord. Das war noch in Ordnung. Ich würde aber heute nicht mehr mit Familie und Kindern an Bord wohnen wollen. Jedenfalls nicht in Verbindung mit Gästefahrten."

Nach der Trennung von seiner Jenny nahm er sich die Wochenenden frei, wenn die Kinder bei ihm waren. Er wollte ihnen nicht den Spaß am Segeln verderben. Sie sollten nicht später sagen, wir mussten immer mit Papa segeln, und das war so doof und er hatte nie Zeit für uns. Beide fahren jetzt manchmal mit und haben Lust segeln zu lernen.

Wegen der Kinder nahm er eine Wohnung an Land, weil das einfacher war. Auf einem Schiff zu leben bringt viel Spaß, findet der Skipper. „Aber so ein großes Schiff im Sommer mit Gästen zu fahren und im Winter darauf zu wohnen, das ist zu viel Schiff. Das Schiff ist gleichzeitig Arbeitsplatz. Man macht seinen eigenen Arbeitsplatz im Winter wieder für die Saison fertig. Das kann zu viel werden."

Entdeckt hatte die *Ryvar* Jochen von der *Petrine, der sie* ursprünglich selbst kaufen wollte. Joachim fragte ihn, ob er etwas dagegen hätte, wenn er sich das Schiff auch mal ansehen würde. Unter Kollegen muss man mit offenen Karten spielen. Er wollte Jochen das Schiff nicht heimlich vor der Nase wegschnappen. Für Jochen war es aber in Ordnung und er hatte sogar noch eine Videocassette, die er Joachim und seiner Frau gegeben hat. So konnten sie sich zu Hause schon mal alles ansehen, Vorpiek, Maschinenraum, Deck. Es gefiel ihnen. Sie fuhren nach Norwegen, haben den Logger angeguckt, Probefahrt gemacht und gekauft. *Ryvar* war zu der Zeit ein Frachtschiff. Der Eigner hatte sich ein größeres Schiff angeschafft, weil *Ryvar* mit achtzig Ladetonnen für ihn unwirtschaftlich geworden war. Sie hatte daher schon zweieinhalb Jahre im Hafen festgelegen ohne zu fahren. Er wollte sie loswerden, denn auch ein Schiff, das nicht genutzt wird, muss weiterhin gepflegt und unterhalten werden. *Ryvar* war außen und innen topp in Schuss. Alles war unter Lack und komplett sauber. Normalerweise will man ein Schiff vor dem Kauf auch unter Wasser ansehen. Dazu muss es aufgeslippt werden. Joachim und Jenny kauften *Ryvar* im Wasser schwimmend gekauft, was ein Risiko war. Aber es gab sehr viele Zeugnisse vom Germanischen Lloyd (GL). Es hatte immer GL-Abnahme in Norwegen. Über viele Jahre waren die sogenannten Schallzahlen der Plattenstärke immer gleich gewesen. Das bedeutet, dass das Blech nicht durch Rost dünner geworden war. In Norwegen braucht man die sogenannte Skistolsyn-Zulassung. GL-Abnahme ist etwas Zusätzliches. Das kostet eine ganze Menge Geld, aber hält den Wert des Schiffes hoch. Wegen all dieser Prüfunterlagen hatten sie das Gefühl mit dem Kauf nichts falsch zu machen, auch ohne das Unterwasserschiff gesehen zu haben. Sie mussten also nicht viel überlegen und wurden sich schnell mit dem Eigner einig.

Am 17. Mai 1995 fand die Übergabe satt. „Das Datum weiß ich deswegen so genau", erklärt Joachim, „weil in Norwegen am 17. Mai der Tag der Unabhängigkeit gefeiert wird." Im Sundesfjord gingen sie an Bord. Der Eigner wohnte auf Werlandet, einer Insel im Fjord und Heimathafen des Schiffs. Er hatte *Ryvar* aber zum Festland gebracht, damit die Käufer nicht auf die Insel fahren mussten. Die kleine Crew war mit einem Mercedes Kombi gekommen. Das Auto wurde mit dem Ladegeschirr in den Laderaum gehievt und mitgenommen. Mit dem Eigner fuhren sie noch gemeinsam bis Bergen. In Bergen stieg er auf sein anderes Schiff um. Nach dem formalen Teil sahen sich Joachim mit seiner Crew noch den Festumzug an, gingen abends schön essen und legten am nächsten Morgen ab. „Vielleicht hat der alte Eigner uns noch heimlich durch ein Bullauge beobachtet und zugewunken. Aber er ist nicht mehr an Deck gekommen."

Weil das Wetter gut war, ging es in einem Stück von Bergen bis Schleswig. Sie fuhren 53 Stunden Tag und Nacht. In Schleswig wurde das Auto ausgeladen. Anschließend ging es über Kappeln und Sonderburg direkt zur Rumregatta in Flensburg. *Ryvar* war kein Segelschiff. Die ganze Tour fuhren sie also unter Maschine. Flensburg sollte der Heimathafen werden und dort wollten sie *Ryvar* auch umbauen.

Mit Freunden und kleinen Handwerksbetrieben, die zumeist auch von Freunden gegründet worden waren, gingen sie ans Werk. Zeichnungen gab es nicht zu dem Schiff. Es musste alles überlegt und entworfen werden, auch die Inneneinrichtung und die Aufteilung der Räume. Joachim und Jenny waren gerade zum zweiten Mal Eltern geworden, *Platessa* war auch noch da, weil sie Ewald versprochen hatten die letzten Arbeiten noch zu erledigen. Die Schute besaßen sie zu der Zeit auch noch, und da waren zwei Oldtimerautos, die restauriert werden sollten. Es war alles zu viel. Sie merkten allmählich, dass die Zeit, die man hat, endlich ist. Daher räumte Joachim auf. Der Fuhrpark an Land wurde verkauft und ein modernes Auto angeschafft, an dem man nicht schrauben musste.

Heute sagt Joachim, dass *Ryvar* ihm immer noch Spaß bringe, aber seine Vorstellung sei es nicht, wie Ewald, noch im Alter von siebzig oder gar achtzig zu fahren. Es gibt doch noch ein paar andere schöne Dinge im Leben, meint er. Mit seiner zweiten Frau besaß er nebenbei noch einen kleinen Segelkutter, der auch viel Spaß brachte. Aber sie hatten nicht genug Zeit dafür und er kostete einfach zu viel Geld, das sie nicht übrighatten. Schweren Herzens wurde er verkauft.

Ryvar ist ein riesiger Laden, den man am Laufen halten muss. Ich mache Tagesfahrten, Geburtstage, Hochzeiten. Aber der größte Posten sind Schulklassen. Wenn es keinen Spaß bringt, sind es oft die Lehrer, die das Problem sind. Die denken, sie haben Urlaub und die Besatzung wird schon alles richten. Das ist es, was mich am meisten stresst.

Ryvar ist ziemlich groß. Die Steigerung davon ist *Pippilotta*, sagt der Skipper. Die sei noch etwas größer. Sie ist zwar nur fünf Meter länger, aber sie ist auch 1,5 Meter breiter. Das ist dann fast doppelt so viel Fläche, die gemalt werden muss. „Eigentlich wollte ich ja gerne mal einen Dreimaster segeln. Aber das kann man auch machen, ohne ihn zu besitzen. Denn mein Weg wird ein anderer sein." Wenn Joachim über seine

Zukunft nachdenkt, dann hätte er gerne eine Stahlyacht von zwölf Metern Länge. Sie soll in Teerepoxy eingepackt sein, weil man dann damit wenig Arbeit hat. Man kann sie aus optischen Gründen mal so alle zwei bis 4 Jahre lackieren, aber man muss es nicht. „Mit dem Alter wird alles weniger", merkt er. „Das hört sich krass an. Ich bin ja erst 58. Aber angenommen, ich finde ein anderes Schiff, dann soll das möglichst so sein, dass ich wenig Aufwand damit habe. Allerdings möchte und kann ich schon noch viel selber machen. Aber ich will nicht mehr auf dem Gerüst herumturnen müssen. Das sollen dann andere für mich machen. Ich kenne etliche Mittsiebziger, die noch segeln. Aber die legen sich nicht mehr unter ihr Schiff und malen das Unterwasserschiff an. Dafür holen sie sich Hilfe."

Das sie jetzt auf der Werft sind, war eine spontane Entscheidung, weil diese Werft neu eröffnet wurde. Der Schiffseigner entschloss sich kurzerhand, die ganze Frühjahrsüberholung vorzuziehen und sie vom Herbst bis zum Jahresende zu machen. „Ich hatte keine Lust mehr im Regen unter einer Plane herumzukriechen und Farbe auf einen feuchten Untergrund zu kleckern. Früher wäre mir das egal gewesen. Ich würde heute sicherlich einiges anders machen, aber wenn man nicht viel Geld hat, dann ist es oft schwierig. Man kann ja nicht endlos Kredite aufnehmen."

So wie er es heute sieht, würde er ein Schiff auch lieber gleich ganz fertig bauen, weil das wesentlich stressfreier ist. Aber weil damals das Geld knapp war, wurde immer erst der Gästebereich fertig gemacht, um möglichst schnell mit Gruppen segeln zu können. Der private Bereich war spartanisch ausgestattet. Der wurde erst so nach und nach innerhalb von zwei oder drei Jahren richtig bewohnbar. Fertig ist er eigentlich nie geworden.

Ansonsten würde er alles wieder so machen. Diese Schiffe und das Segeln waren von Anfang bis jetzt genau sein Ding. Das schwierige sei eigentlich das Geschäftliche. Ich habe ja nicht Kaufmann gelernt, erklärt er, muss mich aber doch ein bisschen so verhalten, um genügend Geld einzufahren. Das ist die Seite, an die wahrscheinlich kaum jemand bei seinen Träumen gedacht hat. Es kommen bei dieser Schiffsgröße immense Kosten auf dich zu. Die Abnahme als Traditionsschiff, die Wartung der Rettungsinseln, die brandtechnische Ausrüstung, die Gebühren der Seeberufsgenossenschaft. Die sind in den letzten fünf Jahren 400 Prozent teurer geworden. Das schätze ich so.

Die Sicherheitsrichtlinie

Der Skipper lässt die Abnahme direkt über die See-BG zu machen, obwohl auch freie Gutachter dafür zugelassen sind. Wenn mal irgendwas passiert und alle herumdiskutieren, wer schuld sei, sagt er, dann könne er immer darauf verweisen, dass die See-BG das Schiff abgenommen hat. *Ryvar* ist für so ein altes Schiff sehr stabil und sehr dick im Blech. Die Platten sind durchschnittlich sieben bis acht Millimeter dick. Der oberste Plattengang ist neun Millimeter stark. Die See-BG misst regelmäßig nach. Ein paar Änderungen werden trotzdem fällig sein, wenn die nächste Abnahme ansteht.

Die neue Sicherheitsrichtlinie findet er grundsätzlich in Ordnung. Einige Anforderungen seien zwar überzogen, meint er. „Aber man sollte nie vergessen, dass dieses Schiff bei Tagesfahrten für sechzig Personen zugelassen ist. Das heißt, dass ich für diese sechzig Personen verantwortlich bin. Die müssen sich auf mich verlassen können", erklärt er. Bis zu sechzig Personen nimmt er auf der *Kieler Woche* oder der *Hanse Sail* in Rostock mit. Bei Mehrtagesfahrten sind fünfundzwanzig bis dreißig Gäste an Bord.

Das sei kein Kinderspiel, kein Hippiekram, wie er es ausdrückt. Bisher sei Vieles nur schwammig geregelt gewesen. Das sei jetzt zum Glück klarer definiert. So hat er Planungssicherheit und weiß, dass er fahren darf. Bisher sei es nie sicher gewesen, ob man das Zeugnis für ein Jahr bekommt, für zwei oder überhaupt nicht. Nach wie vor sind Sonderregelungen für jedes Schiff individuell verhandelbar. Wenn baulich etwas für ein bestimmtes Schiff keinen Sinn macht, kann der Eigner eine Ausnahme mit der See-BG verhandeln. Dann wird das festgeschrieben und gilt, solange dieses Schiff in Fahrt ist. Es muss dann nicht bei jedem Antrag neu verhandelt werden. Bisher konnte das passieren. Das war der sogenannte Nasenfaktor, wie Joachim es nennt. Jetzt wird die Vereinbarung in die Schiffspapiere eingetragen. Ob das nun eine Treppe betrifft, die nicht aus Stahl sein muss sondern aus Holz sein darf, oder dass an einer bestimmten Stelle eben kein wasserdichtes Schott erforderlich ist. Das mache alles echt Sinn, meint er.

Eine andere Neuerung ist das Schiffssicherheitssystem. Der Schiffseigner erklärt, was es damit auf sich hat. „Das ist ein sehr differenziertes Handbuch, in dem für jedes Teil des Schiffes beschrieben ist, wie es funktioniert und wo Probleme oder Sicherheitsrisiken bestehen könnten. Das wird ständig fortgeschrieben und Veränderungen am Schiff müssen dokumentiert werden. Das Manual wird dadurch immer umfangreicher. Das hat aber den Vorteil, dass bei Schiffen mit wechselnder Besatzung jeder Skipper, Bootsmann oder Maschinist sich dieses Manual nehmen kann und dann über die Abläufe an Bord Bescheid weiß."

Auch die elektrische Anlage muss auch nach bestimmten Vorgaben erstellt werden. Wenn man umbaut oder erneuert, müssen beispielsweise selbstverlöschende Kabel verwendet werden. Auf *Ryvar* läuft ein armdickes Kabelbündel vom Maschinenraum bis nach vorne durch das ganze Schiff.

Das sind noch keine selbstverlöschenden Kabel, aber es ist abgeschirmtes, zugelassenes Marinekabel. Ob das alles sofort umgerüstet werden muss, wird er mit der See-BG verhandeln müssen. Ein wasserdichtes Kabel, das zugleich auch säure- und ölfest ist, wird wohl noch eine Weile möglich sein. Wenn aber bei anderen Kabeln die See-BG sagt, dass das nicht mehr geht, dann, findet Joachim seid das richtig! Das würde ich genauso entscheiden.

Die Vorschriften für die Besatzung sind abgemildert worden. Die müssen Gesundheitszeugnisse haben und auch die Erste Hilfe Bescheinigung. Man muss zum Gesundheitsamt zur Seetauglichkeitsprüfung. Für längere Touren ist aber mehr erforderlich. „Wenn ich nach Brest fahre, muss ich vielleicht noch Basic-Safety machen. Dann gehe ich eben eine Woche nach Hamburg zur Seefahrtschule. Das kostet dann eben 1000 oder 1500 Euro. Man lernt dort sogar, wie man eine Spritze setzt, denn im Notfall muss man ein bisschen mehr können, weil Hilfe von außen oft nicht so schnell da ist."

Auf sehr großen Schiffen, wie der *Thor Heyerdal* muss sogar eine sogenannte Nummernapotheke mitgeführt werden. Das ist ein Kasten in dem die Medikamente und alle Dinge Nummern haben. Im Falle einer Medical Beratung über Funk, kann der Arzt Anweisungen geben, welche Nummer man nehmen musst und in welcher Dosierung.

In der Sicherheitsrichtlinie ist festgelegt, dass mit dem Betrieb des Schiffes kein Gewinn erwirtschaftet werden darf. Joachim hat sich lange mit der See-BG um die Rechtsform seines kleinen Unternehmens gestritten. Er sollte gezwungen werden, einen Verein zu gründen. Es gibt aber keine Regel, die das festlegt. Er fährt das Schiff nicht als Verein. Er hat eine Firma angemeldet, da er Geld einnimmt. Wenn er die Kosten für das

Schiff zusammenrechnet, ist es eine non-profit Firma. Das wollte die See-BG nicht einsehen. Wir haben uns richtig gefetzt, erzählt er. „Meine Steuerberaterin war mal bei einem Gespräch bei der See-BG dabei, damit sie von denen direkt erfährt, worum es ihnen geht. Und als wir aus dem Gebäude gegangen sind, meinte sie, die hätten überhaupt keine Ahnung wovon sie sprechen." Letztendlich ist es entscheidend, dass der Schiffeigner nicht vom Schiff lebt, sondern lediglich die Kosten für das Schiff hereinfährt. Er arbeitet umsonst. Seine Frau verdient das Geld. Und ansonsten müsse man eben kreativ sein, meint er.

Was kommt nach *Ryvar*?

Wenn er *Ryvar* verkauft, möchte er gerne einen Job an Land finden. Er könnte einen Skipper einsetzen. Einen Setz-Schipper zu finden ist aber schwierig. Es müsste jemand sein, der zuverlässig ist, mit Menschen umgehen kann und auch noch ein guter Seemann ist. Davon gibt es nicht viele. Dasselbe Problem haben viele Skipper. Selbst die holländischen Kollegen, obwohl die richtige Berufsskipper sind. Es gibt genug Leute, die fahren ein Schiff gegen Bezahlung von A nach B. Aber sie räumen nicht richtig auf, kümmern sich nicht um das Schiff, reparieren nichts. Die Touren wären zwischen Flensburg und Kiel. Weiter weg soll das Schiff dann nicht mehr unterwegs sein. Aber es gibt Ausnahmen. Er möchte unbedingt nochmal zum internationalen Hafenfest in Brest. Nordsee und Biscaya sind anspruchsvolle Segelreviere. Im Jahr 2000 war er das letzte Mal dort.

Wenn er sich frei von allen finanziellen Überlegungen machen könnte, würde er ein Jahr lang einmal die Ostsee umsegeln, über die baltischen Länder, Estland, Lettland, Polnische Küste, Helsinki, Bottnischer Meerbusen und an der Schwedischen Küste wieder runter. Man kann ja erst im Mai losfahren, erklärt er. Im Mai kann an der finnischen Küste noch Eis sein. Da kommt man nicht weit. Freunde von ihm haben das gemacht. Die waren hinterher ganz begeistert.

Aber ganz realistisch gesehen möchte er etwas machen, was nichts mit segeln zu tun hat. Segeln ist ein Saisonjob und er möchte abends zu Hause sein. „Jetzt habe ich von meinem Garten und meinem zu Hause gar nichts", bedauert er. „Ich komme im Herbst nach Hause, schneide die Büsche runter und mache den Garten winterfertig." Er wohnt mit seiner Frau mitten in Flensburg. Beide könnten sich auch vorstellen auf dem Land zu leben. Aber das Wasser darf nicht zu weit weg sein. Vielleicht macht er nochmal ein kleines Kapitänspatent. Er könnte sich auch vorstellen ein schönes Schiff zu entwerfen, mit dem er Seebestattungen machen kann. Am besten wäre ein Segelschiff. Seebestattung unter Segeln und das mit dem Segen der See-BG, richtig als Berufsschiff abgenommen. Er hat viele Ideen die alle dann doch wieder mit Wasser und Schiffen zu tun haben.

Eine Zeitlang hat ihn die Diskussion um die Sicherheitsrichtlinie genervt und er hatte schon überlegt mit *Ryvar* und dem Segeln deswegen aufzuhören. Inzwischen geht es ihm nicht mehr darum. Jetzt ist es eher sein Ziel an Land zu leben. „Das geht eventuell bald los, dass ich das Schiff nur noch am Wochenende fahre", hofft er. „Das muss ich bald entscheiden, denn es würde bedeuten, für die übernächste Saison die Anfragen für Wochentouren nicht mehr anzunehmen."

Was der Kopf will, muss der Körper mitmachen
Roland

In seinem Leben ist einiges nicht so ganz rund gelaufen, aber das meiste was er erlebt hat, hat Spaß gemacht. Er hat immer alles mitgenommen, kein Abenteuer ausgelassen und aus dem Vollen gelebt. Roland sitzt in Flensburg in seiner einfachen Altbauwohnung ganz oben mit wunderbarem Ausblick über die Dächer der Flensburger Altstadt bis hin zum Wasser der Förde. Meine Kommandozentrale, sagt Roland zu seinem Wohnzimmer, von dem aus der Blick in drei Himmelsrichtungen geht.

Roland steht auf und holt den vorbereiteten Kaffee, verteilt Tassen und steckt sich erst einmal eine Zigarette an. Eigentlich hatten wir uns an Bord seiner *Pirola* verabredet. Heute muss er aber seine Steuererklärung endlich fertig machen und hat sich einen Tag zu Hause verordnet. Seit 1983 besitzt er die *Pirola*, einen großen Heringslogger der 1910 gebaut wurde. Sie hat ihren Liegeplatz im Museumshafen Flensburg. Rolands Kommandozentrale liegt nur ein paar hundert Meter davon entfernt. Dort ist Roland jeden Tag mindestens einmal kurz, oft auch ziemlich lange. Je nach dem, was zu tun ist.

Roland ist 68 und lebt seit sechs Jahren mit seiner dritten Ehefrau Sabine in Flensburg. Aus der Zeit davor hat er vier Kinder. Auch wenn das vierte Kind einen anderen Vater hat, ist es seins, sagt er. Macht nichts. Ich habe immer für alle gezahlt und jetzt werden sie mir alle vier für die Krankenkasse angerechnet und da habe ich sogar nochmal einen Nutzen davon. Mit drei Kindern hätte das nicht gereicht. Er lacht jetzt darüber, auch wenn es damals wegen Nummer vier nichts zu lachen gab, wie er sagt. Aber das ist für ihn längst Schnee von gestern.

Ein schwieriger Anfang

Angefangen hat für ihn alles in Hamburg Blankenese, im feinen Treppenviertel, am Blankeneser Elbstrand, wo er immer mit irgendwelchen schwimmenden Untersätzen auf dem Wasser unterwegs war. Diese Affinität zur See hat er wohl schon in die Wiege gelegt bekommen, meint er. Sein Vater lebte seit Anfang der zwanziger Jahre in China, hat sich dort zwei große hölzerne Yachten bauen lassen und ist von Shanghai nach San Francisco gesegelt.

Richtig gesegelt ist Roland das erste Mal mit seinen Eltern auf deren Yacht. Da war er acht Jahre alt und jeden Tag mit dem Segel-Dinghi unterwegs. Mit 10 trat er in den Blankeneser Segelklub ein und begann mit dem Jugendkuttersegeln. Danach verlegte er sich aufs Jollensegeln, Pirat, H-Jolle, Finn-Dinghi, Corsar, FD, Weserjolle. Er hat alles ausprobiert.

Zusammen mit Freunden hatte er bald auch größere Boote. Die *Eilige Ente* hieß eins, ein anderes war das *Postboot*, weil es gelb angemalt war. Sie bauten selber Motoren und Wellen ein und erlebten ziemlich abenteuerliche Sachen auf der Elbe und bis zur Elbmündung hinauf. Dann kam er eine ganze Zeit gar nicht mehr zum Segeln, weil andere Dinge wichtig waren. Da war erst einmal die Schule. Nach der achten Klasse war er sitzengeblieben und machte die Klasse nochmal. Seine Eltern schickten ihn für zwei Jahre auf ein Internat. Wieder zu Hause kam er auf dem Gymnasium nicht klar, wechselte die Schule, versuchte es auf der Abendschule, aber alles blieb ohne wirklichen Erfolg. Das Abitur bestand er dann erst auf der Seefahrtschule in Flensburg, als er sein Kapitänspatent machte. Da war er fünfundfünfzig. Er bedauert heute, dass sein Vater das nicht mehr miterleben konnte.

Nachdem das mit dem Abitur endgültig gescheitert war, fing er eine Betonbauerlehre an, brach ab, startete einen zweiten Versuch als Elektronikmechaniker-Lehrling. Im zweiten Lehrjahr hatte er einen Arbeitsunfall und der Arzt meinte, er dürfte sein Leben lang nicht mehr schwer körperlich arbeiten, weil die Wirbelsäule einen Knacks hatte. Das hat ihn aber nicht daran gehindert, den Großteil seines Lebens mit schwerer körperlicher Arbeit zu verbringen. Seine Devise war, was der Kopf will, muss der Körper mitmachen. Sonst wird man unglücklich.

Nicht alles lief richtig gut

Nach den gescheiterten Lehrzeiten arbeitete er in einem Entwicklungslabor für Elektronik in dem sein Onkel der Chef war. Meß- und Regelschaltungen, Münz- und Geldscheinprüfanlagen und ähnliches wurden dort entwickelt und er lernte viel. Es schien ihm eine gute Basis, um sich selbständig zu machen. Zusammen mit einem Freund mietete er sich einen alten Pferdestall, wo sie Verstärker, Lautsprecherboxen und Effektgeräte für Gitarristen bauten. Die Werkstatt lag direkt gegenüber der „Linde", einer stadtbekannten Kneipe. Seine Freundin hatte im vorderen Teil des Hauses einen kleinen Laden, verkaufte Schallplatten und nähte Lederklamotten. Das passte alles gut zusammen, meint Roland.

Dann kam die Rechnung des Hauswirts. Der Winter war kalt gewesen und der Einfachheit halber hatten sie die Hausleitung im Treppenhaus angezapft und mit Strom geheizt. Das fiel ihnen unvorhergesehen irgendwann vor die Füße und sein Freund Michael setzte sich kurzerhand nach Kopenhagen ab und Roland saß mit den Schulden alleine da. Um Geld zu verdienen heuerte er im Hamburger Hafen, bei der Hamburger Hafen und Lagerhausgesellschaft als „Kaitorte" an. So haben sich damals die Kaiarbeiter untereinander genannt, erklärt Roland.

Er machte Gangführerschein, Gabelstaplerschein, Kranschein. Eigentlich wäre er gerne dort geblieben, hat es nach zwei Jahren aber selbst verbockt, gesteht er. Er nahm Urlaub und fuhr mit einem Freund nach London. Dort stachen ihnen zwei englischen Motorrädern in die Augen. Roland kaufte kurzentschlossen die Norton, der Freund die BSA. Sie machten eine Tour, London war geil und so wurde der Urlaub mal eben eine Woche überzogen. Als sie zurückkamen lag für Roland die Kündigung auf dem Tisch.

Mit allen möglichen Jobs schlug er sich eine Weile durch und begann schließlich 1976 nochmal eine Lehre, diesmal als Schiffbauer auf der kleinen Werft Piehl und Josiack im Kohlenschiffhafen, hinter dem Köhlbrand. Das war dort wo jetzt der Containerterminal Tollerort ist. Diesmal hielt er durch, schloss die Lehre sogar mit Auszeichnung ab und blieb noch ein Jahr als Schiffbauergeselle bei Piehl und Josiack.

In dieser Zeit wurde seine zweite Tochter geboren und die kleine Familie machte Urlaub in Spanien. Die Dinge entwickelten sich anders als gedacht und schließlich kam Roland ohne Frau, aber mit der jüngsten Tochter, die damals fünf Monate alt war, und dem Familienhund zurück nach Altona. Nie wieder im Leben habe er so viel Schlag bei Frauen gehabt wie zu dieser Zeit, erinnert er sich. „Wenn man als Mann mit einem Hund und einem Kind im Kinderwagen im Hamburger Jenisch-Park durch die Gegend schiebt, dann kommt man in Kontakt", sagt er augenzwinkernd.

Seine Frau kam zwar nach Hamburg zurück, zog mit den Kindern aber später nach Portugal. Die Kinder sind heute mehr Portugiesinnen als Deutsche, meint Roland.

Selbstständig als Schiffbauer

Nachdem er bei Piehl und Josiack aufgehört hatte, arbeitete er selbständig als Schiffbauer und nahm die unterschiedlichsten Aufträge an. Einer davon war die Instandsetzung der *Vegesack*, die auf der Lührs-Werft lag. Er machte Stahlarbeiten und rutschte langsam in diese Szene von Leuten, die alte Schiffe wieder flott gemacht haben. Den Begriff „Traditionsschiff" gab es damals noch nicht. Viele Leute kamen zur Schiffsbaustelle, um zu sehen, was aus dem Schiff wird. Da war Hagen mit seiner *Carmelan*, da waren die Thönnessen Brüder, die gerade ihre Firma Toplicht gegründet hatten, Drisbie, der die *Vegesack* projektiert hatte oder Jochim. Diese ganzen Leute habe er da kennengelernt, erzählt Roland. Das fing ja alles damals, Anfang der 1980er Jahre, gerade erst an.

Als der Job an der *Vegesack* nach zwei Jahren zuende ging ergaben sich daraus Anschlussaufträge. Anfangs war alles Schwarzarbeit. Aber irgendwann wurde ihm das doch zu heiß und er besorgte sich einen Gewerbeschein. Auf dem stand, Planung, Entwicklung und Verschrottung von Schiffen und Schiffszubehör. Er machte gute Geschäfte. Mit Papierkram und Buchhaltung verbrachte er aber nicht viel Zeit. Das Geld, das er verdiente gab er mit vollen Händen gleich wieder aus.

Auch für die Thönnessen-Brüder arbeitete er eine Weile und äußerte dabei mal, dass er immer nur Schiffe für andere Leute ausbaue und eigentlich auch mal Lust hätte, sich selbst eines zurecht zu machen. Da machten ihn die beiden darauf aufmerksam, dass im Hafen von Dornschusch, hinter Krautsand, ein Wrack im Schlick lag. Es war die *Pirola*.

Pirola - Mein eigenes Schiff

Die *Pirola* war zu der Zeit seit zwei Jahren im Elbschlick vergraben gewesen. Bei Ebbe guckte sie raus. Bei Flut sah man nur ein Stück vom Vorsteven. Er fuhr hin, sah den geraden, schönen Steven und ihm war gleich klar, dass er dieses Schiff haben wollte. Schnell machte er den Eigner ausfindig. Das war Hans Werner aus Dornsbusch, lange Haare, Mongolenbart, Bauernhof, Drechslerei und drei Kinder, erinnert sich Roland. Der hatte das Schiff ganz billig gekauft und erst mal Löcher ins Deck geschnitten, weil er die Aufbauten ändern wollte. Dadurch ist das Schiff zweimal vollgeregnet und abgesoffen und beim zweiten Mal hatte er es nicht wieder gehoben. Er hatte festgestellt, dass er sich mit dem Schiff völlig übernommen hatte. Er hatte aber die Räumungspflicht, weil Dornbusch ein Seehafen war. Also musste das Schiff da weg.

Roland fand heraus, dass Hans-Werner, der Eigner, gerade dabei war, den *Kunstewer Elise* zu überführen. Roland fuhr ihm hinterher, kam im

Sperrwerk in Wischhafen zu ihm an Bord und fragte ganz direkt, was er für die *Pirola* haben wolle. Hans Werner lachte nur und meinte, die kannst du geschenkt haben. Du musst sie nur heben. Das war am zweiten Februar, mitten im Winter 1983.

Am neunten Februar machte sich Roland mit ein paar Freunden daran die *Pirola* zu bergen. Wir waren damals jung und unerschrocken, erinnert er sich. An einem Sonntag bei 10 Grad minus fingen sie bei Niedrigwasser an die Lecks provisorisch abzudichten, das Schiff leer zu pumpen, und abends schwamm die *Pirola* wieder. Roland hatte einen Kessel Erbsensuppe und Punsch für seine Helfer mitgebracht. Aber dann wurde es eine sehr kalte Nacht. Es herrschten 15 Grad minus und sie schliefen auf dem *Kunstewer Elise*. *Pirola* war ja nur nackter Stahl, da war gar nichts. Auf *Elise* gab es einen großen runden Ofen aber kein Heizmaterial. Ohne lange zu überlegen rissen sie die hölzerne Leiter von der Spundwand und steckten sie in den Ofen. Damit stieg die Temperatur dann immerhin auf fünf Grad unter Null.

Am nächsten Tag schleppte Michael Thönnessen die *Pirola* nach Glückstadt, wo das Schiff auf den Slip gezogen wurde. Der alte Henschel-Motor war noch drin und Roland hatte Angst, dass er kaputtfriert. Er war der Meinung, dass er den wieder zum Laufen kriegen würde. Die Maschine wurde also sofort ausgebaut. Propeller, Ruderblatt und Rudermaschine, waren in Wischhafen eingelagert gewesen und zum Glück nicht mit untergegangen. Der Rumpf wurde provisorisch instandgesetzt, ein Schlag Teer draufgegeben und Zinkanoden angeschweißt. Anschließend ging es gleich wieder ins Wasser und Michael schleppte die *Pirola* nach Wedel in Schnalles Hafen, wo der frischgebackene Eigner mit Jonny Lührs die Maschine zerlegte und wieder zusammenbaute. Danach lief der olle Henschel wieder. Und das tat er dann weitere zwanzig Jahre, bis Roland als Offizier zur See fuhr und verschiedene andere Skipper *Pirola* fuhren. Die haben sich leider nie um die Maschine gekümmert, konstatiert Roland, und so hat sie schließlich ihren Geist aufgegeben. Aber das Glück war auch da wieder auf Rolands Seite. Sein Freund Joachim fand auf der Abwrackwerft in Grenå in Dänemark zufällig einen baugleichen Henschel. Sie fuhren hin, luden das Ding auf einen Hänger, die alte Maschine flog raus. Die Anschlüsse passten. Glück gehabt.

Pirola, die ja eigentlich nur ein nackter Stahlrumpf gewesen war, nahm nach und nach Form an. Roland arbeitete auf verschiedenen Werften und immer nach Feierabend ging es an Bord des eigenen Schiffs weiter. Meistens konnte der frischgebackene Schiffseigner seine *Pirola* mit zum Arbeitsplatz nehmen, musste keine Liegegebühr zahlen, durfte die werfteigenen Gerätschaften benutzen und konnte sich Sachen aus dem Schrottcontainer nehmen, die er gebrauchen konnte. Das macht er von 1983 bis 1990.

In dieser Zeit wohnte er auch auf dem Schiff. Bald zog seine Freundin Shiela zu ihm. Sie wollte mit *Pirola* auf Weltreise gehen und fragte immer wieder, wann Roland denn wohl endlich mit dem Schiff fertig sein würde. Den gesamten Innenausbau machten sie zusammen, aber ihr ging alles viel zu langsam.

Als sie sich schließlich trennten, schloss Roland mit ihr einen notariellen Vertrag. In jugendlichen Leichtsinn und aus Dankbarkeit, wie er heute sagt. Sie hatten von Shielas Lohn gelebt und alles, was Roland verdiente, ins Schiff gesteckt. Roland nahm eine Hypothek von 35.000 Mark auf das Schiff auf, das ja noch nicht einmal fertig war, und gab Shiela das Geld.

Er hatte ausgerechnet, dass sie mindestens 1000 Mark im Monat verbraucht hatten und das auf die Jahre hochgerechnet. Ich würde es nicht nochmal machen, meint er heute. Aber damals hat er es gemacht. Die Sparkasse gab ihm eine Schiffshypothek, die er über die Jahre abstotterte.

Wir hatten keine schlechte Zeit zusammen, erinnert er sich. Es war eine wichtige Beziehung für ihn. Shiela ist danach mit verschiedenen Yachten mitgesegelt und um die halbe Welt gekommen. Das, was sie mit Roland machen wollte, hat sie auf anderen Schiffen erlebt. Bei so einem Projekt wie die *Pirola* muss man sein Tempo selber bestimmten, sagt Roland, man kann sich nicht überschlagen. Wenn man acht Stunden auf der Werft gearbeitet hat und abends nochmal vier Stunden auf dem eigenen Schiff, dann ist irgendwann die Luft raus.

Roland war ein paar Jahre vorher bereits eine Zeit lang an einem norwegischen Walfangboot beteiligt gewesen. Aber als nacheinander seine Kinder geboren wurden, hatte er nicht mehr viel Zeit für den Kutter. Er trennte sich von dem Projekt und der Eignergemeinschaft. Damals wurde ihm klar, dass er ein eigenes Schiff brauchte, das er alleine und in seinem eigenen Tempo fertig machen wollte. Er wollte an Bord wohnen und auf jeden Fall viele, möglichst weite Segeltörns unternehmen. Die Idee mit dem Charterfahren ist erst viel später gewachsen, als er merkte, dass er das Schiff anders nicht unterhalten konnte.

Müther und andere Schiffe

Durch seinen Freund Günther kam er an einen Auftrag auf Rügen. Günther kannte Leute im Greifswalder Museumshafen. Dadurch hatte Roland erfahren, dass in Seedorf vier alte Segelschiffe an Land im Schilf aufgebockt lagen, und seit Kriegsende als Ferienwohnungen gedient hatten. Es waren vier Stahlschiffe, ein Ewer, zwei Heckschiffe und eine Tjalk, die dort schön parallel und 200 Meter vom Wasser entfernt lagen. Unten waren die Böden weggegammelt. Roland sah sie sich an und fand, dass es ein gutes Abenteuer werden könnte, die Schiffe wieder zum Schwimmen zu bringen. Alle vier waren größer als *Pirola*, die fast neunzehn Meter lang ist. 1994 machte er zwei der Schiffe an Ort und Stelle flott. Neue Böden wurden untergebraten und ab ging es ins Wasser. 1996 macht er sich an das dritte Schiff, die *Margareta*, gemeinsam mit Arne von der *Marie*. Mit Hydraulikpumpen wurde sie hochgebockt. Die Tjalk wurde zu *Christian Müther* und war später jahrelang auf der Hanse-Sail dabei. *Alfred* ist ein Ewer im Greifswalder Museumshafen geworden. Er hatte das sogenannte Alstermaß, das alle Ewer haben und war fast zwanzig Meter lang.

Margareta sollte für den Verein Gangway fertiggestellt werden. Als sie notdürftig schwamm schleppte Roland sie mit der *Pirola* nach Flensburg. Dort wurde sie von einem Autokran auf die Wiese gestellt, wo heute der ISPS-Hafen ist. Zwei Winter lang haben Arne und Roland einen neuen Boden untergesetzt und das Schiff instandgesetzt. Als *Margareta* fertig war bracht er sie nach Hamburg zum Reiherstieg. Gangway wollte sie als Mädchenschiff einsetzen. Sie hatten *Undine* für die Jungs. Aber als Roland mit dem fertigen Schiff ankam hatte sich die Segelschiffspädagogik, die eine Zeit lang gemacht wurde, überholt und so wurde das Schiff nicht mehr gebraucht und weiterverkauft. Da kamen nicht mal mehr die Investitionen raus.

Die Tjalk *Christian Müther* gehörte dem reichsten Mann von Rügen, Ullrich Müther, einem Bauunternehmer. Roland hatte mit ihm einen mündlichen Vertrag mit Handschlag über die Instandsetzung geschlossen und war daraufhin mit 20.000 Mark in Vorleistung getreten, hatte Stahlplatten, Gas und Sauerstoff und Elektroden gekauft, um den Rumpf schwimmfähig zu machen. Müther behauptete aber irgendwann, er hätte nie einen Auftrag erteilt und weigerte sich zu zahlen. Für Roland war es ein harter Schlag. Er hatte eine Familie, Schulden und konnte das alles plötzlich nicht mehr bezahlen. Er flog aus der Krankenkasse. Zum Glück solidarisierten sich die Museumshafenleute in Greifswald mit ihm. Die Müther-Gedächtnisfahrt, einmal rund um Rügen, wurde abgesagt. Von Müther bekam er trotzdem kein Geld. Der hatte das Schiff an eine Beschäftigungsgesellschaft auf der Stralsunder Volkswerft weitergegeben und es interessierte ihn nicht mehr. Aber dem Chef der Beschäftigungsgesellschaft war die Sache äußerst unangenehm und er überwies Roland schließlich 15.000 Mark aus seiner eigenen Kasse.

Als Roland Ende 1994 auf Rügen mit den ersten beiden Schiffen fertig war, lebte er mit seiner damaligen Frau Andrea an Bord. Sie verbrachten den Winter in Greifswald, wohnten auf dem Schiff und hatten Freddy, einen Jugendlichen in Einzelbetreuung. Andrea arbeitete tagsüber in einem Schmuckladen und zapfte nachts auf der *Asgaard*, einer schwimmenden Studentenkneipe, Bier. Nach dem Debakel mit Müther versuchte Roland Arbeit als Schiffbauer oder Schlosser zu finden, aber es war praktisch unmöglich gegen die damals noch existierenden Seilschaften im Osten anzukommen, meint er.

Andreas Chef hatte in Prenzlauerberg gerade eine Kneipe gekauft, die umgebaut werden sollte und brauchte Unterstützung. So fuhr Roland die Woche über mit Freddy nach Berlin. Über der Kneipe war eine Wohnung, wo sie wohnten, unten tischlerten sie die Kneipe aus. Dann kam ein Anruf von Joachim aus Flensburg. Der berichtete, er hätte sich einen alten Logger aus Norwegen gekauft und fragte Roland, ob er mithelfen könnte, das Schiff vom Küstenmotorschiff zum Segler umzubauen. Roland schmiss kurzentschlossen den Motor der *Pirola* an und fuhr nach Flensburg. Andrea und Freddy kamen natürlich mit. Der Hund auch. Und seitdem ist er in Flensburg hängen geblieben.

Sie schafften es in einem Jahr aus der *Ryvar* wieder ein Segelschiff zu machen. Roland übernahm die Stahlarbeiten. Er hatte seinen Freund Nesch dabei. Das war ein Jugendlicher der ihm viel half. Er war ein Kokser vor dem Herrn, meint Roland, aber der konnte die alten Decksplanken oben schneller rausreißen, als ich unten mit dem Brenner die Schraubenköpfe abgefiedelt habe. Freddy war nicht mehr dabei. Der ging nach Itzehoe, hat wieder angefangen zu dealen, war Türsteher, hat sich dort mit den Albanern angelegt und nochmal für eine Zeit bei Roland Unterschlupf gesucht. Die *Ryvar* ist im Frühjahr 1996 das erste Mal die Rumregatta mitgesegelt.

Steuermann auf der *Undine*

1997 heuerte er als Steuermann auf der *Undine* an, die dem Verein Gangway gehörte. Neun Monate war er dort gemustert. Sie machten sehr interessante Reisen, fand Roland. Sechs monatige Törns durch Europa, Nordirland, rund um Irland, Schottland, durch den Kaledonischen Kanal. Es ging nach Estland, England und Irland. Sie nahmen immer Fracht mit. Später war die *Undine* auch in Portugal und hat dort Salz geladen. *Undine* war damals das erste „Sonderfahrzeug" und hatte knapp unter hundert Tonnen und siebzig Tonnen Zuladung. Als Besatzung fuhren jeweils acht Jugendliche und fünf Erwachsene, von denen drei Leute nautisches und zwei pädagogisches Personal waren. Sie fuhren als Drei-Wachen-Schiff, das heißt ein Kapitän und zwei Steuerleute.

Als die Fahrerei mit der *Undine* zu Ende ging, arbeitete Roland weiter bei dem Verein und übernahm die stationäre Betreuung von Jugendlichen in Hamburg am Reiherstieg. Montagmorgen bis Mittwochabend leistete er seine gesamte Wochenarbeitszeit ab, und fuhr dann nach Hause. Das war Tag- und Nachtarbeit, rund um die Uhr, quasi ohne Pause. Er kaufte mit den Jungs ein, kochte, machte Freizeitgestaltung. Nur vormittags wurden sie durch zwei vereinseigene Lehrer unterrichtet. Da hatte er Zeit für die Buchführung oder es standen pädagogische Besprechungen an. Das lief auch wieder über zwei Jahre.

Anschließend hatte er drei Jungs in Einzelbetreuung, die das Projekt bei Gangway in Hamburg schon hinter sich hatten. Für die besorgte er Lehrstellen bei der Flensburger Schiffswerft. Aber als sie 18 wurden, stellte das Jugendamt die Betreuung von einem Tag auf den anderen ein, die Jungs fielen in ein ganz tiefes Loch, wurden rückfällig und fingen mit Drogen an. Roland war so frustriert, dass er den Job hinwarf.

Als Kapitän bei Greenpeace

Inzwischen war seine jüngste Tochter Emma geboren worden. Sie war ein Jahr alt und fing an auf dem Schiff herumzukrabbeln. Emma kletterte an der Schanz hoch und die Eltern hatten Angst, dass sie über Bord geht. Eine Bleibe an Land musste her. Da kam zufällig Peter vorbei und bot ihnen in Husby eine Wohnung auf seinem Resthof an. Er hatte zusammen mit seiner Frau in Flensburg am Holm eine Kneipe. Durch die beiden lernte Roland dann Mark kennen, den Eigner des Feuerschiffs *Santorice*, der wiederum Chef vom „Action Unit" bei Greenpeace war. Mark wusste, dass Roland Schiffe bauen und auch Schiffe fahren konnte und bot ihm den Job als Kapitän auf der alten *Beluga* von Greenpeace an. Roland musste nicht lange überlegen und sagte zu.

Sie waren als feste Crew zu viert an Bord und brachten die Greenpeace-Aktivisten, die jeweils dazu kamen, zu ihren Einsätzen. Die meisten waren Studenten. Für Roland war es totale Kontrastprogramm zu den schwererziehbaren Jugendlichen mit denen er vorher zu tun gehabt hatte. Mit ihnen musste er ständig auf der Hut sein. Die haben gemeutert und immer irgendetwas angestellt, meint er. Jetzt hatte er Studenten, die auf Fingerschnipsen alles machten und kein Risiko gescheut haben. Die haben sich am Ladegeschirr von irgendeinem Holzfrachter angekettet und eine Woche da oben verbracht, sagt Roland bewundernd. Männer wie Frauen.

Eineinhalb Jahre fuhr er hauptsächlich in England und Schottland, Aufenthalt im Gefängnis inklusiv. Die Greenpeace-Leute an Bord der *Beluga* besetzten Bohrinseln im Murray Firth und Drumedy Firth. Von dort ging es durch den Caledonischen Kanal, den Crelandkanal nach Whitehaven, wo sie auf der Lauer lagen und nach einem Getreidefrachter Ausschau hielten, der nach Liverpool kommen sollte.

In Inverness saß Roland zwei Tage im Knast. Weil die Crew Hochsee-Oilriggs besetzt hatten, wurden dreißig Leute vom Schiff weg verhaftet und eingekerkert. Nach zwei Tagen konnten die Anwälte von Greenpeace sie dann wieder rauspauken. Es war aber schwierig, die beschlagnahmte Ausrüstung zurück zu bekommen. Das Schlauchboot wollten die Engländer behalten. Roland ging hin und behauptete, das sei das

Rettungsboot der *Beluga*. Da mussten sie es zurückgeben. Insgesamt war es eine schöne Zeit, erinnert er sich. Das waren die Jahr 2000 und 2001.

Die Lage änderte sich, als er bei Greenpeace nur noch für die einzelnen Einsätze bezahlt werden sollte, nachdem er vorher fest angestellt gewesen war. Für ihn kam das nicht in Frage. Er konnte und wollte nicht auf solch eine unsichere Perspektive bauen.

Grönlandfahrt

Während der Irlandtour der *Beluga* hatte er sich mit Hepatitis B angesteckt und war daher lange im Krankenhaus. Als er gerade wieder rauskam, abgemagert und zwanzig Kilo leichter, kam eine Tauchausbilderin von Greenpeace mit der Idee zu ihm, mit einer Gruppe von Taucherfreunden in Grönland im Scorsgy-Sund unter dem Eis zu tauchen. Sie fragte, ob sie das mit der *Pirola* machen könnten.

Roland nahm den Job sofort an. *Pirola* war aber gar nicht segelklar für so eine weite Reise und ihm ging es körperlich überhaupt nicht gut. Wieder kam ihm das Glück zu Hilfe. Durch eine Freundin hatte er irgendwann Janina kennengelernt, die im Laufe der Jahre wie eine Tochter für ihn geworden war. Sie ging auf die Realschule und da sie meistens pleite war, hatte er ihr immer wieder mal finanziell unter die Arme gegriffen. Janina hatte nun gehört, dass Roland krank sei, er aber diesen Job mit dem Schiff an den Hacken hätte und den unbedingt machen wollte. So kam sie kurzerhand mit vier anderen Mädchen aus ihrer Klasse an Bord und die Fünf haben jeden Tag nach der Schule geholfen die *Pirola* flott zu machen.

Dann ging es für fast drei Monate auf Grönlandtour. Es waren immer neun bis zehn Mitsegler an Bord. Zehn geht, wenn sie sich liebhaben, sagt

Roland, weil die Kojen eng sind. Besser sind neun. Auf Tagestouren, also wenn niemand übernachtet, darf er bis zu 23 Personen mitnehmen.

Es war die längste und schönste Reise die er mit *Pirola* gemacht hat, ist er überzeugt. Es ging über Middelfahrt, Mandal, Norwegen, Lerrick, Shetlands, Torshavn, zu den Färöern, von da rüber nach Island zum Seidis-Fjordur an der Ostküste und oben rum nach Husavik. In Husavik kommen zwei Meeresströmungen zusammen und es gibt dort sehr viele Wale. Roland lernte dort die Leute einer örtlichen Whale Watching Firma, North Sailing Husavik, kennen. Damals war die isländische Firma noch ganz klein. Auf der *Pirola* waren außer den Tauchern auch Trainees von Greenpeace, die aber zwischendurch immer wieder wechselten. Denen brachte er ein bisschen Navigation und Segeln bei. Auch die Taucher wechselten, denn kaum jemand hatte drei Monate am Stück Zeit für den Törn. Da viele unterwegs ein- und auch wieder ausgestiegen, sind empfand Roland das Miteinander an Bord immer als sehr abwechslungsreich und unterhaltsam.

Es war aber nicht möglich in den Scorsby-Sund reinzukommen, weil eine Ostwindlage einen vierzig Meilen breiten Packeisgürtel aufgebaut hatte und da traute er sich mit seiner *Pirola* nicht hindurchzufahren. Er hatte den Tauchern aber von vorneherein klargemacht, wenn es Packeis gibt, dann fahren wir mit dieser Blechbanane da nicht rein. Ich bin nicht Arved Fuchs. So fuhren sie zwei Tage am Eisrand auf und ab und suchten nach einer Durchfahrt. Es gab sehr viel wunderschöne Natur zu sehen, überall waren Wale und Robben. Aber schließlich mussten sie umdrehen und nach Island zurückkehren. Im Nordosten ging es in den Eyla-Fjordur und den Akureyri rein. Das ist ein dreißig Meilen langer Fjord. Dort sind die Taucher dann auf ihre Kosten gekommen.

Wieder auf Jobsuche

Gegen Ende August waren sie zurück in Flensburg und Roland war wieder arbeitslos. So besann er sich auf seinen Job als Schiffbauer und antwortete auf ein Zeitungsinserat mit dem eine Firma am Harnis-Kai Fachleute suchte. Das waren Nachtschichten auf der Flensburger Schiffswerft und auf der Peterswerft in Wewelsfleth, für die Roland dort als Leiharbeiter eingesetzt wurde. Roland erinnert sich, auch mal bei der Überholung der Yacht von Bill Gates mitgearbeitet zu haben.

Den Job hat er sich dann bald, wie so oft, wieder selber verscherzt. Er hatte einen Arbeitsunfall und war krankgeschrieben. Ihm war nachts eine schwere Bodenwrange aus Stahl aufs Bein gefallen und der Knochen lag blank. Ein bisschen später hatte Joachim auf der Elbe eine Kollision mit der *Ryvar*. Er war im Nebel nachts mit einem Tanker kollidiert. Auf der Steuerbordseite war die Schanz eingedrückt und das Rigg beschädigt. Joachim brauchte dringend Hilfe. Also kam Roland nach Arnis, wo die *Ryvar* lag, und reparierte das Schanzkleid von vorne bis hinten. Das Bein war schon einigermaßen verheilt, aber er war noch krankgeschrieben.

Pico, sein Chef und dessen Partner saßen eines Tages zufällig in der „Schleiperle" in Arnis und beobachteten ihn mit dem Fernglas. Als Roland merkte, dass die beiden sich in Richtung Werft auf den Weg machten, schmuggelte Joachim ihn im Kofferraum seines Autos von der Werft. Die Chefs haben ihn nicht zu fassen bekommen, aber die Kündigung kam trotzdem. Was macht man nicht alles für einen leichtsinnigen Kram, sagt Roland rückblickend. Er habe sich viele Jobs selber verscherzt, bedauert er heute. Aber er hatte sich ohnehin schon länger über das Arbeitsverhältnis bei der Leiharbeitsfirma geärgert. Ich mache die gleiche Arbeit wie die festangestellten Leute, dachte er, bekomme aber nur das halbe Geld. Es war schwere Arbeit und da hatte er irgendwann keine Lust mehr. Auf den Deal.

Pirola wird Traditionsschiff

Bereits seit 1992 war die *Pirola* zeitweise Chartertouren gefahren, aber sie war kein Traditionsschiff im heutigen Sinne. Alles lief mehr unter der Hand. Als dann die meisten andere offiziell Traditionsschiffe wurden, sprang er auch auf den Zug auf, wie er sagt. Irgendwann wurde es einfach zu heikel und er wollte keinen Ärger mit dem Finanzamt haben. Also ließ er *Pirola* als Traditionsschiff abnehmen, um legal damit fahren zu können.

Dafür musste aber erst mal geklärt werden, ob *Pirola* überhaupt ein Traditionsschiff werden darf. Dafür musste historisch alles stimmen. Das Baujahr des Schiffes war mit 1910 angegeben, obwohl das nicht so genau klar war. Daher recherchierten Fritz Lohmeier, ein Museumsschiffs-Sachverständiger aus Holland, und Joachim Kaiser, beide heute die bekanntesten Sachverständigen der Branche, wie das Schiff wohl mal ausgesehen haben könnte. Aufgrund bestimmter Merkmale wurde dann das Baujahr eingegrenzt. Ursprünglich war *Pirola* ein flachgehendes Segelschiff mit Seitenschwertern, das in Holland Fracht gefahren hatte. Sie war aber kein reines Plattbodenschiff. Sie hatte ein bisschen Aufkimmung, aber nicht viel. 1947 wurde sie zum Fischkutter umgebaut, die Seiten wurden um einen halben Meter erhöht, das Deck einen halben Meter höher gesetzt und ein Kiel untergebaut, mit dem sie jetzt zwei Meter Tiefgang hat. In dem Zustand hatte Roland das Schiff gefunden. Es ist also nicht in dem Originalzustand wie es 1910 vom Stapel gelaufen war.

Als er das Schiff gehoben und angefangen hat zu bauen, konnte er diese Entwicklung der Traditionsschiffs-Abnahme nicht vorhersehen. Er dachte damals nur an sein Ziel, ein Schiff zu haben, mit dem er mit Freunden um die Welt segeln würde.

Für ihn war *Pirola* immer Wohnschiff gewesen, aber sie hat auch Geld verdient. Zeitweise haben auch andere Leute das Schiff gefahren, weil Roland gerade wegen eines Jobs keine Zeit hatte. Das Schiff musste ja unterhalten werden und dazu musste es fahren. Ich habe nicht das dicke Geld damit verdient, meint er rückblickend. Alles ging immer in die Unterhaltung des Schiffes. Von den Einkünften mit den Chartertouren hat er nie gelebt.

Seefahrtsschule und Kapitänszeit

Als er nun 2002 wieder seinen Job los war, überlegte er, wie seine Zukunft aussehen könnte. Und so hatte er die Idee, beim Bundesamt für Seeschifffahrt nachzufragen, wie das mit einer Seefahrtausbildung wäre. Er fand heraus, dass ihm noch ein Jahr Fahrenszeit fehlte, um sich bei der Seefahrtschule anzumelden. Also heuerte er für ein Jahr auf der *Steenborg*, einem Kümo (Küstenmotorschiff) an. Sie gehörte Jens, einem alten Freund. Auf dessen Schiffen hatte er schon öfters als Schiffbauer gearbeitet. Die Fahrten mit der *Steenborg* führten rings um die deutsche Küste, mal nach Åarhus, aber meistens nur in deutsche Häfen der Ost- und Nordsee. Sie klapperten die Inseln ab, holten Getreide von den friesischen Inseln, brachten Düngemittel von Rostock nach Oldenburg oder Bremen.

Anschließend meldete sich Roland auf der Seefahrtschule an. Wieder zur Schule zu gehen fiel ihm schwer und das AG-Patent zu machen war nicht ganz ohne, meint er. Da er die Ausbildung auch irgendwie finanzieren musste, beantragte er Meister-BAföG. Als Zweitbester erhielt er im Juli 2005 sein Kapitänspatent und im September hatte er seinen ersten Vertrag bei der Reederei Ernst Jacob in der Tasche. Als dritter Offizier stieg er auf *Oliver Jacob,* einem Tanker von 284 Meter Länge, ein. Sie fuhren zwischen Los Angeles und Rio hin und her. Aber schon nach der ersten Reise, im Dezember, wurde er rausgeworfen. Der Kapitän hat mich rausgemobbt, erzählt er. Der mochte mich nicht und ich ihn auch nicht. Das war so ein kleiner Dicker. Dass er so klein war, sei wohl ein Grund dafür gewesen, dass er den groß gewachsenen Offizier nicht mochte. Dem Kapitän war er wohl auch deswegen ein Dorn im Auge, weil er über Beziehungen zum Reedereibüro an den Job gekommen war. Er suchte offensichtlich einen Grund, um Roland vorzuführen.

Das ging los in der Magellanstraße. Roland hatte Wache. Die Tide lief mit zehn Knoten und der Tanker mit vierundzwanzig Knoten, links und rechts hohe Felswände. Auf jeder Nock ein Lotse, jedenfalls bei den gefährlichen Stellen. Der Kapitän saß auf der Brücke und sagte, Herr Aust, können Sie mir mal sagen, wie die Außentemperatur ist. Roland hielt eine brennende Zigarette in den Fingern und gleich das Gefühl, dass irgendein Hinterhalt bei der Frage war.

Zur Brückennock gab es eine Schiebetür und dort war das Thermometer. Er machte die Tür auf, hielt die Hand mit der Zigarette hinter den Rücken, steckte den Kopf raus, las die Temperatur ab und meldete sie dem Kapitän. Daraus konstruierte der später, der dritte Offizier habe an Deck des Tankers geraucht.

Auf derselben Fahrt erklärte ihm der der Kapitän, Herr Aust, wenn der Lotse fragt, wo die Lotsenkabine ist, weil er sich mal ausruhen möchte, dann gehen Sie ein Deck tiefer und zeigen ihm die Kabine. Genau das macht Roland, als der Lotse nach der Kabine fragte. Es gab einen Fahrstuhl, mit dem sie zusammen ein Deck tiefer fuhren. Direkt gegenüber der Fahrstuhltür war die Lotsenkabine. Die zeigte Roland dem Lotsen und fuhr wieder hoch. In dem Bericht es Kapitäns hieß es dazu später, der dritte Offizier hat auf Wache die Brücke verlassen. Und wegen diesen beiden Vorkommnissen flog er raus.

Im Dezember 2005 kam er von der Fahrt zurück. Damals war er bereits mit seiner jetzigen Frau Sabine zusammen und zog zu ihr nach Greifswald, wo sie an der Uni arbeitete. 2004 hatten sie sich auf der Hanse-Sail in Rostock kennengelernt. Natürlich kam *Pirola* mit nach Greifswald.

Ich sitze wieder auf dem Trockenen

Er war also ohne Geld und ohne Job als Offizier gestrandet, schrieb Bewerbungen an verschiedene Reedereien und stellte sich bei einigen vor. Bei der Hamburger Reederei Kombrowsky, wurde er schließlich angenommen, um für sie Containerschiffe zu fahren, zunächst als dritter Offizier, später als zweiter. Er diente sich hoch und seine Arbeit machte ihm Spaß. Das ging gut bis zur Schifffahrtskrise Anfang 2011. Da hatten sie kein Schiff mehr für ihn. Er wurde aber weiterbezahlt ohne zu fahren. So kam er in einen sogenannten Minusurlaub. Er hätte das Geld im Nachhinein also wieder verdienen müssen. Dieser Minusurlaub wurde immer länger und weil keine Besserung der Lage in Sicht war, trennten sich Arbeitgeber und Arbeitnehmer in beiderseitigem Einvernehmen.

So saß er schon wieder auf dem Trockenen. Eine Weile fuhr er als erster Offizier für die Söhne seines alten Partners Johnny Lührs, die eine Schlepper-Reederei in Hamburg hatten. Danach war er in Kiel und auf dem „Tigerentenschlepper" von Klaus Cement beschäftigt. Das war ein schwarz-gelber Schlepper, der in der Kieler Schleuse unterwegs war. Auch das Lotsenboot *Antje*, lief eine Zeitlang unter seinem Kommando auf der Flensburger Förde im Lotsendienst.

Rente

Dann war er wieder arbeitslos, dann langzeitarbeitslos. Die Chancen als Kapitän oder Offizier einen Job zu kriegen waren schlecht und deshalb wurde ihm angeboten in Rente zu gehen. Seitdem ist die *Pirola* sein Hauptjob. Er fährt Events, Hanse-Sail, Kieler Woche. 2011 macht er mit *Pirola* nochmal eine Islandreise, 2013 eine Schottlandreise. In Island sollte die Sail-Husavik stattfinden   , zu der auch die beiden Flensburger Traditionsschiffe *Dagmar Aaen* von Arved Fuchs und die *Activ* segelten.

Er macht jetzt ab und zu Sommergäste-Segeln für den Historischen Hafen Flensburg. Aber diese Kurztouren machen ihm nicht so viel Spaß. Er macht sie, weil er sonst mit dem Schiff finanziell nicht klarkommt. Ein Schiff kostet eine Menge Geld. Versicherung, Aufslippen, Material. Für einen Pott Antifouling legt man 500 Euro hin, sagt er, wenn man den nicht irgendwie günstiger kriegen kann, was zum Glück manchmal klappt. Mal geht ein Segel kaputt. Auf der Kieler Woche ist bei starkem Wind das große Klüversegel zerrissen. Die Reparatur hat 600 Euro gekostet. Mal geht was an der Maschine kaputt, mal rostet der Auspuff durch. Das Schiff ist alt. Klar, geht da immer mal was kaputt.

Was kommt jetzt?

Pirola ist ein großes Schiff auf dem man wohnen kann und mit dem man reisen kann. Und eigentlich, würde er das immer noch gern machen. Aber vielleicht ist es nicht realistisch mit solch einem großen Schiff nach Portugal zu fahren, meint er. Es sei kaum möglich genügend Mitsegler zu finden die Zeit haben und die das auch mitfinanzieren. Außerdem müssten mehr junge Leute ran, sagt Roland. Er mag nicht mehr in den Mast klettern. Alles was über Kopf ist, geht nicht mehr. Da knackst und knurbst es gewaltig in den kaputten Schultern.

Wie sieht die Zukunft aus? Er ist in einer Zwickmühle. Wenn der Markt gut wäre für alte Schiffe, dann hätte er *Pirola* schon verkauft. Er hat mal von 200-tausend Euro Verhandlungsbasis geträumt. Aber es ist kein Markt da. Die Preise sind im Keller. Da behält er das Schiff lieber und macht vielleicht eine Stiftung draus oder sucht einen jungen Skipper, der das Schiff betreiben will. Aber den zu finden ist auch nicht leicht. Als Skipper auf einen Traditionssegler kann man kein Geld verdienen. Mit der neuen Traditionsschiffsrichtlinie erst recht nicht mehr.

Roland könnte jetzt noch die Abnahme nach der alten Traditionsschiffs-Verordnung machen und hätte die dann wieder für fünf Jahre. Aber das will er nicht. Sein Kapitänspatent ist abgelaufen. Und weil diese Patente alle abgelaufen sind, hat er jetzt die anderen, die nicht ablaufen, mit denen er als Traditionsskipper fahren darf, Sportbootführerschein-See, Sporthochsseschiffer-Schein-See mit Traditionsschiffseintrag und Funkzeugnis. Große Reisen hat er nicht mehr vor. Natürlich würde er jederzeit gerne eine große Reise machen. Wenn Mark mit seinem Feuerschiff auf die Kapverden fährt, dann würde er gerne als Wachoffizier mitfahren. Aber so verrückte Sachen, wie mit seiner *Pirola* im Spätherbst in die Biscaya zu fahren, das muss nicht sein. Er ist mal im Spätherbst mit der *Valdivia*, einem alten Schoner, durch die Biscaya gefahren. Solche Sachen hat er zwischendurch immer mal gemacht. Er hat Kümos in die Karibik überführt und auf einem Hochseeschlepper in Piräus gearbeitet, und an unzähligen Traditionsschiffen mitgearbeitet. Er kennt sie fast alle.

Schade findet er, dass seine Frau jetzt einen Fulltime-Job an der Uni hat und nicht mehr so richtig mitmachen kann. In der ersten Zeit hatte sie eine halbe Stelle und hat auf der Kieler Woche und der Hanse-Sail das Catering übernommen. Das hat viel Geld eingebracht. Die Gäste wussten das auch sehr zu schätzen. Jetzt hat sie keine Zeit mehr, aber das Paar lebt von ihrem Einkommen. Roland hat nur eine Minirente.

Die meiste Zeit seines Lebens hat er nicht in die Rentenkasse eingezahlt. Als er selbständig war verdiente er zeitweise 7000 bis 8000 Mark brutto. Er hat alles ausgegeben, hat Frau und Kinder zu Urlaubsreisen eingeladen, hat viel ins Schiff gesteckt, aber auch viel verschleudert, erzählt er. Er hat nichts anbrennen lassen, wie man in Norddeutschland sagt, hat alles mitgenommen, was ihm das Leben geboten hat und es war alles in allem eine gute Zeit. Aber was kommt jetzt? Er hat Schwierigkeiten, sich von *Pirola* zu trennen aber er weiß, dass die Zeit für den Abschied bald kommt. Das ist mein halbes Leben, sagt er. 34 Jahre sind eine lange Zeit. Er will auch gar nicht unbedingt ein anderes Schiff haben, solange er *Pirola* noch händeln kann. Noch fühlt er sich ganz rüstig.

Vorm Anlegen gab's Pfefferminztee
Stefan

Stefan ist Eigner des Ewers *Jonas von Friedrichstadt*, den er vor etwa zwanzig Jahren gekauft hat. Da ist er mehr reingestolpert als dass es ein Plan gewesen sei, meint er.

Stefan lebt heute in einem Haus aus der Jahrhundertwende in einem Dorf in Schleswig-Holstein. Vom Wohnzimmer aus bietet sich ein romantischer Blick auf die Schlei. Das Haus hat er mit seiner Frau vor wenigen Jahren gekauft und ist seitdem dabei, es zu restaurieren und zu renovieren. Noch sind überall kleine Baustellen zu sehen, Sandhaufen und Baumaterialien lagern vor dem Eingang, aber das Ende der Mühen ist absehbar.

Als die *Jonas* zum Verkauf stand, fuhr er dort schon seit einiger Zeit immer in den Ferien als Bootsmann. Wenn das Schiff verkauft wird, heuere ich eben auf einem anderen Schiff an, dacht er sich und wandte sich an den befreundeten Skipper eines anderen Traditionsseglers. Der brachte ihn überhaupt erst auf die Idee die *Jonas* zu kaufen. Du wärst schön blöd, wenn du es nicht machst, sagte er. Und so machte Stefan Nägel mit Köpfen und unterschrieb kurzerhand den Kaufvertrag.

Eigentlich war sein Werdegang zum Skipper und Schiffeigner auch vorher schon von Zufällen geprägt. In Lemgo, wo er aufwuchs, gab es kein Wasser. Segeln konnte man dort nur auf dem Steinhuder Meer. Die Eltern eines Freundes hatten ein Boot an der Ostsee und nahmen ihn manchmal mit. So kam er bis in die schwedischen Schären.

Nach der Realschule machte Stefan eine Tischlerlehre. Als er dann realisierte, dass alle seine Freunde lange Semesterferien hatten, nur er nicht, beschloss er das Abitur nachzuholen und lieber zu studieren. Während der Abiturzeit war er im Rahmen einer Jugendfreizeit zum ersten Mal auf *Jonas*. Weil der Törn ihn begeisterte, organisierte er gleich anschließend im Freundeskreis den nächsten Törn, dann noch einen und noch einen und so blieb er schließlich an Bord hängen.

Ziemlich schnell wurde er als Bootsmann angeworben. Die Begeisterung für das Segeln auf dem Traditionsschiff entwickelte sich mit der Zeit immer mehr. Für ihn ging es dabei immer um *Jonas*. Andere Traditionsschiffe interessierten ihn nicht besonders und er hatte zunächst auch keinen Kontakt in die Traditionsszene, zu anderen Schiffen und deren Skippern.

Das Segeln auf *Jonas* war für ihn ganz anders als alles was er bisher an seglerischer Erfahrung gesammelt hatte. Beim Jolle-segeln auf dem Steinhuder Meer gab es weder Backstagen noch Gaffelsegel und man steckte im Neoprenanzug und wurde nass. Es war nur Sport und Speed, erinnert sich Stefan. Auf *Jonas* erlebte er zum ersten Mal eine ganz andere Art des Segelns. Es war alles größer, bequemer und viel gemütlicher. Es ging überhaupt nicht um Speed. Es ging gar nicht unmittelbar ums Segeln. Wichtig waren das Unterwegs-sein und die Gemeinschaft in der Gruppe.

Er lernte das Tagesgeschäft an Bord kennen. Als Bootsmann oder noch mehr als Skipper muss man sich um ziemlich viele Dinge des Bordalltags kümmern. Davon geht es zu ungefähr dreißig Prozent ums Segeln, erklärt Stefan. Eine verstopfte Toilette reparieren, die Wassertanks füllen oder Ölwechsel machen, das sind die andern dreißig Prozent. Weitere dreißig Prozent sind für die Betreuung der Gruppe da. Auch wenn das Schiff schon im Hafen ist, ist die Crew trotzdem noch mittendrin, ansprechbar und gefordert.

Diese Idee, die Tradition zu erhalten, Knoten und Seemannschaft und Schiffsführung, das Langsame und Einfache, hatte für ihn in der Anfangszeit keine Rolle gespielt. Erst als er Teil der Stammbesatzung wurde und allmählich in den Schiffsalltag hineinwuchs, änderte sich das.

Zwei Jahre fuhr er als Bootsmann und machte dann die eine oder andere Urlaubsvertretung als Skipper. Als John, der Eigner der *Jonas* sie dann verkaufen wollte, weil er mit dem Bau seines neuen Schiffes *Ronja* begonnen hatte, stand für Stefan die Frage im Raum, was aus ihm persönlich werden würde.

Ich kaufe die *Jonas*

Bis dahin hatte ich noch studiert, erzählt er. Aber eigentlich segelte er im Sommer und im Winter studierte und jobbte er. Das Studium war zu der Zeit schon ziemlich in den Hintergrund getreten. Trotzdem hatte er nie daran gedacht, ein eigenes Schiff zu haben. Einen ausreichenden finanziellen Background hatte er auch nicht. Denn wenn man Bootsmann und Student ist, hat man in der Regel kein Geld.

Wie sollte er das nun anstellen, ein Schiff ohne Geldreserven zu kaufen? Er fragte im Freundeskreis herum, wer bereit wäre, ihm Geld zu leihen. Heute heißt das Crowdfunding. Natürlich fragte er auch bei der Bank an, konnte ohne Eigenkapital da aber nicht landen. Zum Glück hatte er viele Freunde, die ihm vertrauten und bereit waren, ihm das nötige Geld zu treuen Händen zu gegeben. Und dann fügte sich alles. Auch Frauke, seine Freundin, zog mit. Nur die Eltern waren skeptisch. Die fanden es gar nicht gut, dass der Sohn sich so hoch verschulden wollte.

Als er das Schiff übernahm, konnte er sofort losfahren. *Jonas* war fahrtüchtig und hatte sehr viele Stammgäste von denen die meisten dem Schiff auch unter Stefans Leitung treu geblieben sind. Zum Teil fahren sie heute noch mit. Es gibt Gruppen, die fahren seit mehr als fünfundzwanzig Jahre auf dem Schiff und damit länger als ich, sagt er.

Es sind Freundeskreise, die im Sommer in der Urlaubszeit segeln, aber auch Seminargruppen, Gruppen die Vögel beobachten oder solche, die japanische oder koreanische Kampfsportarten oder Meditation machen wollen. Die Sportgruppen nutzen das Schiff dann, um in einer einzigartigen Natur zu meditieren, zu trainieren und ihr Ding zu machen. Da waren Seminargruppen von Zivildienstleistenden oder Leuten, die Freiwilliges Soziales Jahr machten, kirchliche Jugendgruppen oder Pfadfinder. Es geht einmal quer durch die Gesellschaft, sowohl hinsichtlich der sozialen Struktur, als auch des Alters, meint Stefan.

Gruppen findet er über Mund-zu-Mund-Propaganda. Einer findet den Törn richtig gut und denkt an seine Volleyballgruppe, die einen Segeltörn vielleicht auch super finden würde. Es gibt auch Einzelbucher. Die haben den Tipp vielleicht von einer Freundin oder einem Freund bekommen, die mal mitgefahren sind.

Lange Sommertörns sind wichtig

Das Beste sind die langen Sommerreisen, schwärmt der Skipper. Viele Traditionsschiffe fahren hauptsächlich in der sogenannten dänischen Südsee im Kreis. Dann startet man in Kiel, segelt nach Kappeln, von dort zu der Insel Ärø, nach Faaborg auf Fünen, Sonderborg und wieder zurück nach Kiel. Mal rechts herum mal links herum und oftmals unter Motor, weil Termine eingehalten werden müssen. Das ist auf die Dauer nicht so spannend, meint Stefan. Er wollte mal woanders hin und hat die Stammgruppen gefragt, ob sie mitmachen. Zuerst waren das zwei oder drei Gruppen, die oft gefahren sind und ohnehin schon meistens zwei Wochen gebucht hatten. Gewöhnlich dauern die Törns nur fünf bis sieben Tage. Aber diese Gruppen hatten immer schon Vierzehn-Tage-Törns gebucht. Die fragte er, ob sie nicht Lust hätten, mal in einem anderen Ort auszusteigen, als sie eingestiegen sind. Er schlug vor nach Schweden zu segeln. Durch die früheren Urlaubsreisen kannte er sich dort ein bisschen aus und es schien ihm ein geeignetes Revier zu sein. Die See ist ruhig, keine große Welle und man kann in geschützten Gewässern segeln und ankern.

Er organisierte das so, dass eine Gruppe das Schiff zu einem Hafen segelt, wo alle nach vierzehn Tagen aussteigen. Ein Reisebus bringt die neue Gruppe zum Schiff und nimmt die anderen gleich wieder mit zurück zum Startpunkt oder zu einem Bahnhof. Dadurch kamen alle relativ einfach hin und her und ließen sich gerne auf das Experiment ein.

Je nachdem wie viele Vierzehn-Tage-Törns hintereinander liegen, ging es nach dem Crewwechsel entweder noch ein bisschen weiter oder sie segelten wieder zurück. Von der norwegischen Südküste über Schweden, Finnland, finnische Südküste, Baltikum und Polen hat Stefan mit seiner *Jonas* und den Mitseglern inzwischen alles abgeklappert. Man kann sagen, das war die ganze Ostsee, ergänzt er.

Es gibt immer einen Wechsel der Reiseziele, ein Jahr schwedische Westküste, ein Jahr Ostküste und je nachdem, wie viele Gruppen zusammenkommen, wird der Kreis ein bisschen größer oder ein bisschen enger gezogen. Manchmal dauern die Törns dann auch schon mal zehn Wochen.

Meistens treffen sich die Gruppen im Winter, um Bilder anzusehen, in Erinnerungen zu schwelgen und nochmal zusammen zu sein. Das ist für Stefan dann die sogenannte Nachtreffsaison. Manche anderen Skipper finden das lustig. Aber wenn man zwei Wochen mit einer Gruppe unterwegs war, ist das eine andere Bindung, als wenn sie nur fünf Tage an Bord war, erklärt Stefan. Und wenn dieselben Leute das über 20 Jahre machen, dann ist das eine lange Zeit. Zwanzig mal zwei Wochen sind genaugenommen schon fast ein ganzes Jahr, sagt er. Man hat viel Zeit zusammen verbracht, auf so engem Raum, auf diesem Schiff und man erlebt vieles gemeinsam. Es sind meistens positive Erlebnisse, weil es eben Urlaub ist, so Stefan.

Viele dieser Gruppen haben schon Stefans Anfangszeit miterlebt. Vor jedem Anlegemanöver brauchte er Pfefferminztee zum Beruhigen. Ich hatte anfangs oft wirklich Angst, erinnert er sich. Manche Situationen waren schwierig. Wie kriege ich das Schiff an die Pier, überlegte er dann.

Die Mitsegler haben das natürlich mitbekommen, meint er. Es sei schwer so ein Gefühl zu verbergen. Das wollte ich auch gar nicht. Aus solchen Begebenheiten entsteht eine besondere Bindung oder Beziehung mit den Mitseglern. Jetzt nach zwanzig Jahren sind das natürlich nicht immer genau dieselben Leute wie damals. Es gibt aber einen Kern von vielleicht sechs oder sieben, vielleicht auch zehn Personen, die die ganze Zeit dabeigeblieben sind.

Es geht nicht um spektakuläre Ziele

Er würde gerne eine Reise nach Schottland unternehmen. Aber nicht mit *Jonas*, auch wenn er inzwischen viel routinierter ist, als zu der Pfefferminztee-Zeit. Seinen Ewer hält er nicht für seetüchtig genug, um eine solche Reise über die Nordsee zu überstehen, auch wenn es durchaus gegenteilige Erfahrungen gibt. Aber es wäre auf jeden Fall ein Risiko und das möchte der Skipper nicht eingehen.

Die Reisen um die Ostsee sind da eine andere Geschichte. Es gibt überall Häfen, in die man sich verkriechen kann, wenn das Wetter nicht mitspielt. Man kann jeden Abend im Hafen sein oder in einer geschützten Ankerbucht liegen. Die erste Reise nach Norwegen ist ihm besonders in Erinnerung geblieben, weil es die erste Reise war. Das war 2001. Auch ein Törn in den Bottnischen Meerbusen und nach Stockholm und weiter Richtung Polarkreis, erinnert er als etwas Außergewöhnliches. Aber wir hatten auch in den Göteborger Schären wunderbare Abende, erzählt er. Wir haben an der Schäre gelegen, an Land Lagerfeuer gemacht und Fisch gegrillt. Das war auch sehr besonders und außergewöhnlich. Es ist gar nicht wichtig ein spektakuläres Ziel zu erreichen, um eine Reise besonders zu machen.

So richtig haarige Situationen habe er nie erlebt, wie er sagt. Manchmal wundert er sich heute aber darüber, wie er am Anfang gesegelt ist und was er alles gewagt hat. Sie waren viel nachts im Watt unterwegs, weil es wegen der Tide nicht anders ging. Inzwischen segelt er mit *Jonas* kaum noch im Dunklen, sondern liegt lieber etwas länger an einer Insel oder am Anker. So organisiert sich das heute anders, sagt er. Er hatte wenig Erfahrung und sei trotzdem überall gesegelt. Er wundert sich heute über sich selbst. Das war der jugendliche Elan, meint er rückblickend, aber auch seine Unerfahrenheit. Es war sich gar nicht bewusst, dass das, was er da machte, vielleicht gefährlich sein könnte. Es war meist aber nicht unbedingt gefährlich, sondern viel mehr sehr anstrengend.

Das nordfriesische Wattenmeer ist immer noch sein Lieblingsrevier. Er war auch ein paar Mal in Ostfriesland. Aber die Schokoladenseite ist Nordfriesland, schwärmt er. Dort fühle er sich zu Hause, es gibt mehr Platz, man kann mehr machen, es ist abwechslungsreicher, wie er sagt. Aber wenn eine Gruppe nach Ostfriesland will, dann wird es Ostfriesland. Er bespricht das mit den Gruppen. Es gibt Gruppen, die immer nur ins Wattenmeer wollen. Die stehen lieber auf einer Sandbank als weit zu segeln, wie er sagt. Darauf nimmt er Rücksicht.

Der Verein

Fast alle Traditionsschiffe werden in Deutschland über einen Verein betrieben. Für *Jonas* ist das der Verein „Bildungswerk Nordseewatten". Zum Verein gehört noch ein zweites Schiff. Sie tauschen Crew und Bootsleute untereinander aus und machen gemeinsame Vereinstreffen, Ausbildungswochenenden für die Bootsleute mit den Seenotrettern oder

der Feuerwehr und organisieren so die Weiterbildung gemeinsam. Das ist ihnen wichtig.

Die zwanzig Jahre, in denen er *Jonas* gefahren hat, seien großartig gewesen, und dafür hat sich das alles gelohnt, stellt er fest. Wenn ich jetzt die Zeit zurückdrehen könnte, sinniert er, mit allem was ich jetzt darüber weiß, wie sich die Traditionsschifffahrt entwickelt, dann würde ich es trotzdem auf jeden Fall wieder machen.

Das einzig dumme an der Sache sei, dass es verdammt schwierig ist auszusteigen, wenn man keine Lust mehr hat. Man kann ein Traditionsschiff heute nicht mehr verkaufen, sagt Stefan. Man kommt nicht davon los, wenn man nicht mehr fahren kann oder will. Davon ist er überzeugt. Und das ist ein etwas unangenehmes Gefühl, konstatiert er. Irgendwann wird sich für ihn die Frage stellen, was mit dem Schiff passieren soll. Es hat sich noch kein möglicher Nachfolger gemeldet. Dass er mal zu jemandem sagen wird, kauf doch das Schiff, das kann er sich nicht vorstellen. Man kann das niemandem mehr empfehlen, meint er.

Die Sicherheitsrichtlinie

Mit der neuen Richtlinie gibt es viel Verwaltungsarbeit. Alle Betriebsabläufe müssen dokumentiert werden. Der Bootsmann muss unterschreiben, wann er im Rigg war und die Schäkel kontrolliert hat. Aber weswegen fahren diese Menschen auf einem Traditionsschiff, fragt sich Stefan. Warum stehen sie nicht in einer Fabrik? Wenn ich Dokumentation und Verwaltungsarbeit wollte, dann hätte ich mir doch einen Job in einer Behörde gesucht, sagt er. Wir haben uns genau diese Art von Schiffen doch deswegen ausgesucht, um genau aus dieser Mühle herauszukommen. Und da geht jetzt Stück für Stück was verloren, stellt er fest.

Viele Sicherheitsregeln seien sinnvoll, aber viele eben auch nicht. Es sei ja auch nicht so, dass Traditionsschiffe ständig havarieren oder untergehen, so der Skipper. Mehr Unfälle passierten, seines Wissens, mit Kreuzfahrtschiffen und in der Berufsschifffahrt. Insgesamt seien die Seefahrt und auch die Traditionsschifffahrt sehr sicher. Aber von offizieller Seite würde oft so getan, als gäbe es sehr viele Unfälle.

Es beklagt eine Regelungswut in allen Lebensbereichen. Jeder Handgriff werde geregelt, weil die Menschen scheinbar nicht mehr ohne Regeln klarkämen. Wenn es Regeln gibt müssen sie nicht mehr nachdenken, so Stefan. Manche begeben sich auf einen großen Törn und denken, wenn genug Sicherheitsausrüstung an Bord ist, dann sei es sicher. Dann geht etwas unerwartet kaputt, und daraus entsteht trotz aller Sicherheit ein Unglück, meint er.

Ich kann mir nicht vorstellen, mit einer Yacht das Gleiche zu machen, was ich jetzt mit *Jonas* mache, ist er überzeugt. Weil es ihm darum geht, genau diese Art des Segelns mit diesem Schiff und diese Art von Seefahrt zu betreiben. Das andere ist mir zu High-Tech, meint er. Wenn er sich eine Yacht in der Größenordnung von *Jonas* vorstellt, wäre das eine Zwanzig-Meter-Yacht. Da seid alles mit Elektronik und Technik vollgestopft. Das ist für ihn unattraktiv. Nach über zwanzig Jahren auf *Jonas* stellt sich aber schon die Frage, wie es weitergehen wird. Stefan ist jetzt 49. Pläne habe er noch nicht, sagt er, aber er baue gerade daran.

Es sind die kleinen Dinge, die zählen
Carsten

Seit nunmehr fast zwanzig Jahren ist Carsten Skipper des Traditionsschiffs *Fortuna*, einem Plattbodenschiff. mit zwei Masten und Seitenschwertern, das vor über hundert Jahren zum Transport von Frachten gebaut wurde. Der Verein „Mignon", der das Schiff betreibt, bietet Segelreisen vor allem für behinderte Menschen, die besonders pädagogisch oder therapeutisch betreut werden müssen. Aber auch andere Gruppen sind willkommen.

Daneben gehört dem Skipper ein alter Schlepper namens *Fix*, den er vor zwanzig Jahren vor dem Abwracken gerettet hat und den er zum Segelschiff umbaut. Carsten gehört noch eher zur jüngeren Garde der Traditionsschiffer.

Mit dem Segeln fing ich an, weil ich Sport machen sollte

Er wuchs in Meldorf, an der Nordseeküste auf und fing mit dem Segeln durch einen Zufall an. Seine Eltern meinten, er solle Sport machen und natürlich lag da der Wassersport nahe. Der Schüler hatte gehört, dass es eine Rudergruppe an seiner Schule gäbe. Er ging hin und stellte fest, dass es keine Rudergruppe, sondern eine Segelgruppe war. Eigentlich wollte er nur mal reinschnuppern, war aber sofort fasziniert und blieb hängen. Ohne das Segeln ging es für ihn bald nicht mehr.

Konsequenterweise trat er in den Meldorfer Segelverein ein. Der hatte einen zwölf Meter langen Jugendkutter mit dem die Jugendlichen mehrtägige Fahrten unternahmen. Carsten war davon begeistert. Aber weil zu wenig Skipper für die Touren verfügbar waren, machte er so schnell es ging den BR-Schein und durfte damit selbst Skipper des Bootes sein. So trug er schon mit siebzehn Jahren die Verantwortung für die anderen fünf bis neun Jugendlichen im Boot. Er habe sich damals seglerisch ganz schön die Hörner abgestoßen, meint er rückblickend. Von manchen Fehlern die sie machten wurde zu Hause lieber nichts erzählt. Sonst hätten die uns nie wieder losgelassen, ist er überzeugt.

Die Nordsee ist ein schwieriges Revier und sie kann auch mal böse sein, weiß Carsten, besonders, wenn man die notwendige Ortskenntnis nicht besitzt. Die kann man aber nur bekommen, wenn man dort segelt. Versuch macht klug, geht aber manchmal auch daneben. Oft war es einfach Glück, dass sie aus so manchen Situationen heil wieder herausgekommen sind.

Erste Erfahrungen als Skipper

An eine gefährliche Begebenheit erinnert er sich besonders lebhaft. Es gibt ein Seegatt zwischen Rottumer Oog und Rottumer Plaat, westlich der Ems, erzählt Carsten. Im Seehandbuch stand, dass man dort bei Seegang lieber nicht hindurchfahren sollte, weil der Tidenstrom dort sehr gefährlich werden kann. Ein Fischer, den sie um Rat fragten, meinte, „ach was. Macht euch mal nicht ins Hemd. Ihr habt schließlich einen großen

Kutter". Am nächsten Morgen war die Situation so, dass das Wasser bereits ablief und sie innerhalb der Inseln, zwischen Inseln und Festland, nicht weitersegeln konnten. Deshalb wollten sie außen um die Inseln herum weiterfahren. Aber dann wurde ihnen bald klar, weshalb im Seehandbuch davor gewarnt wurde.

Sie hatten das Gefühl, dass das Boot senkrecht die Wellen hinauf und auch genauso senkrecht wieder runterrauschte und bekamen Angst aus dem Boot zu fallen und zu ertrinken. Er weiß heute nicht mehr, wie sie es geschafft haben, da wieder herauszukommen. Das sei aus seinem Bewusstsein vollkommen weg, meint er. Es gelang ihnen irgendwie das Schiff zu wenden. Hinter dem Simonssand wurde der Anker geworfen. Dort kamen die Wellen aber von draußen rein und drückten das Schiff immer weiter auf den Sand. Aber immerhin waren sie in Sicherheit, denn wenn man auf einem Sand strandet, bringt einen das nicht um. Sie brachten schließlich zu den Wellen hin einen zweiten Anker aus und warteten ab bis das Wasser fiel. Als es wieder anstieg, konnten sie sich quer zur Welle halten und schließlich mit dem zweiten Anker und mit Vollgas voraus, immer wenn eine Welle das Boot anhob, ein Stückchen weiterfahren. Endlich waren sie wieder flott und das Boot war glücklicherweise nicht leckgeschlagen.

Die Situation sei tatsächlich sehr gefährlich gewesen, aber sie haben alle eine Menge dabei gelernt. Das Seehandbuch stimmt dann wohl doch, sagten sie sich. Darauf sollte man vertrauen und sich nicht von irgendeinem Fischer, den man nicht kennt, was erzählen lassen. Für ihn und sein Boot mag das, was er sagte, stimmen. Aber in unbekannten Gewässern sollte man lieber vorsichtig sein.

Architekturstudium und Skipperdasein auf *Fortuna*

Nach der Schule macht Carsten eine Tischlerlehre und studierte anschließend Architektur. Zwischen Studium und Lehre hatte er ein Jahr Zeit, die er zum Segeln nutzen wollte. Er hatte vor, das Segeln mit seinem Handwerk, dem Tischlern und Zimmern, verbinden. Also suchte er einen Job als Schiffszimmermann auf einem Segelschiff. So kam er auf *Maria af von Hoff*, einen Nachbau eines großen Finkenwerder Fischewers und segelte eine Saison als Bootsmann mit. Das machte er dann auch während des Studiums weiter. Immer wenn er Zeit hatte, ging er an Bord, später war er auch Skipper, organisierte Reisen mit Freunden und Bekannten und blieb dem Schiff und dem Segeln treu.

Als er gerade mit dem Studium fertig war, wurde für *Fortuna* ein neuer Schiffsführer gesucht, da der Vorgänger aufhören wollte. Eigentlich hatte Carsten zu dem Zeitpunkt vorgehabt, als Architekt zu arbeiten, weil ihm aber von Seiten des *Fortuna*-Vereins sehr zugeredet wurde, ließ er sich dann doch überreden. Zwei oder drei Jahre kann ich es ja mal versuchen, dachte er sich.

Der Skipper-Job kam zu ihm in einer Situation, in der es ihm persönlich nicht gut ging. Er hatte sein Studium selber finanzieren müssen und war dadurch sehr gefordert gewesen. Zwischendurch war er krank geworden und seine Freundin war gestorben. Er habe damals ziemlich viele Schläge bekommen und hatte das Gefühl, dass er einen Schutzraum brauchte, erinnert er sich. Da schien *Fortuna* genau das Richtige, um sich wieder zu resetten, wie er es nennt, um wieder Bodenhaftung zu bekommen. Allein das geregelte Einkommen war für ihn schon etwas Besonderes. Das hatte er vorher zehn Jahre lang nicht gehabt. Das wäre damals in der Architektur gar nicht möglich gewesen, meint er. Eine feste Anstellung die mit segeln zu tun hatte, war sozusagen der Lottogewinn. Vielleicht war das auch ein Therapieprogramm für mich, meint er rückblickend.

Inzwischen ist er seit mehr als fünfzehn Jahren dabei. Mir wurde der Job angetragen mit der Aussage, ich würde zu den Leuten an Bord passen, sagt er. Das habe wohl gestimmt.

Was ihn die ganzen Jahre festgehalten habe, war das Fahren des Schiffes. Und damit meint er nicht nur das Segeln, sondern alles was dazugehört - und das sei so viel mehr.

Warum Traditionsschiff und nicht Yacht?

Eine Weile hatte der Skipper auf Mallorca gearbeitet und herausgefunden, dass das Leben dort nicht seine Welt war. Er war krank und kam mit dem Winter im nördlichen Deutschland nicht gut klar. Deshalb habe er die Flucht angetreten, erzählt er. Er wollte in die Sonne und dort auch arbeiten. Dabei erlebte er die dortige Yachtszene. Ein Skipperdasein im Mittelmeer auf einer Luxusyacht geht gar nicht, sagte er sich bald. Da ist man lediglich lebendes Inventar und irgendein Mister Rich kommt dann und wann an Bord und gibt Befehle, erklärt er. Carsten hat sich das eine Weile angesehen und sich ganz bewusst dagegen entschieden.

Über das Segeln mit *Fortuna* erzählt er hingegen mit Begeisterung. Im Allgemeinen kommen nette und aufgeschlossenen Menschen an Bord, erklärt er. Die sind für das Angebot, das wir machen, offen. Da sind die Mitsegler auf der einen Seite und andererseits die Stammcrew als ein ziemlich bunter Haufen von Leuten, die Lust haben, etwas miteinander zu machen. Alle fühlen sich als Teil einer sozialen Gemeinschaft. Es ist auf allen Traditionsschiffe so, dass das Segeln und Fahren eine große soziale Komponente haben, meint er. Aber auch seine handwerklichen Fähigkeiten waren gefordert. In den Überholungsphasen im Winter gibt es immer viel zu tun. Manchmal treten aber auch während der Segelsaison technische Probleme auf und man braucht schnell eine gute Idee, wie man es in den Griff bekommen kann. Was ihm auch viel Spaß macht, ist es, junge Menschen anzuleiten. Inzwischen sei er in dem Alter in dem er Wissen weitergeben könne und sollte. Und das wird gefragt, es wird sogar gefordert, betont er.

Die Jahre, in denen er auf *Maria af von Hoff* mitfuhr, waren wichtig und interessant, nach einer Weile empfand er aber eher Langeweile. Die Mitsegler waren meistens Freundeskreise oder feste Gruppen. Es ging für die Crew nur darum den Gästen einen netten Urlaub zu bereiten. Es wurde gut gegessen und es gab jeden Tag Kuchen. Das ist nichts Schlimmes, sagt Carsten nachdenklich, aber es ist nicht genug. Das kann man mal eine Weile machen, aber es ist kein Lebensinhalt.

Florian

Auf *Fortuna* sind es junge Leute, die aus ganz anderen Gründen kommen. Alle haben irgendeine soziale Indikation. Die Törns richten sich in erster Linie an geistig behinderte Jugendliche oder anderer sogenannte seelenpflegebedürftige Menschen. Diese Mitsegler sind sehr dankbar für das was man mit ihnen veranstaltet. Es sei schwer zu erklären, was anders ist, überlegt Carsten. Er habe sich schon häufig die Frage gestellt, was an *Fortuna* so viel anders und so besonders ist. Was unterscheidet die *Fortuna*-Teilnehmer von den meisten anderen? Da seien es manchmal die kleinen Dinge die zählten.

Mir fällt da so eine kleine Geschichte ein, die in ihrer Banalität schon beinahe sensationell ist, erinnert sich der Skipper. „Wir teilen die Mannschaft immer in drei Wachen ein, die heißen Vorsegel-, Groß- und Besanwache. Jeder bekommt seine Aufgabe. Nach ein paar Tagen kennen sich alle ganz genau mit ihrem Segel aus. Mit den drei Wachen werden auch die drei hauswirtschaftlichen Bereiche abgedeckt: warme Mahlzeit, kalte Mahlzeit und `klar Schiff', also unter Deck sauber machen. Zu `klar Schiff' gehört, dass der Müll an Land getragen wird.

Und in diesem Jahr hat Florian erstmals darauf bestanden, den Müll an Land zu tragen, ehe er von Bord ging. Er wollte nicht nach Hause fahren, solange er das noch nicht erledigt hatte. Florian hat aber die anderen fünf Jahre, in denen er mit war, immer nur an Deck gesessen. Florian hat stark autistische Züge, ist vielleicht Autist. Genau weiß Carsten das nicht. Es ist auch völlig unerheblich. Aber plötzlich fühlte er sich für etwas verantwortlich. Und das ist das Besondere, dass an Bord ein Raum ist, in dem Menschen, die sonst keinerlei Verantwortung übertragen bekommen, mit einem Mal Verantwortung haben. Dabei leben wir doch in einer Gesellschaft, in der jeder sich über die Verantwortung die er trägt, definiert. Aber wenn du eine geistige Behinderung hast, darfst du keine Verantwortung übernehmen.

Bei uns auf Fortuna dürfen diese Menschen Verantwortung tragen, und sei es die, den Müll an Land zu bringen. Diese Verantwortung, die wollte er wahrnehmen. Das war ein riesiger Schritt, der da stattgefunden hat. Florian wollte den Müll an Land tragen. Es hat zwar fünf Jahre gedauert, aber es ist passiert. Wenn ich solche Schritte sehe, freue ich mich, sagt Carsten. Da sehe ich dann einen gesellschaftlichen Sinn in dem, was ich tue.“

Die traditionelle Seemannschaft sei ein Vehikel zum erlernen gesellschaftlicher Fähigkeiten, Inhalte oder Verantwortlichkeiten. Es sei völlig egal, ob die Leute ʿeinen Stempelʾ haben, wie Carsten es nennt, dass sie anders sind oder ob sie den nicht haben. Jeder muss seine Verantwortung übernehmen oder wird dahin geführt, dass er seinen Teil der Verantwortung übernehmen kann. „Florian kann eben nicht viel mehr, als den Müll an Land tragen. Manchmal kann er Möhren schnibbeln oder mal abtrocknen. Aber vielmehr findet bei ihm nicht statt. An einer Schot kann er wahrscheinlich nicht ziehen. Aber das was er kann, das macht er. Und das nimmt er mit. Und seine Eltern berichten, dass er immer ganz viel mit nach Hause nimmt und ganz viel davon erzählt. Also er erzählt nichts Verständliches. Aber aus dem Zusammenhang gerissen kommen da irgendwelche Sätze aus ihm raus, die alle mit *Fortuna* zu tun haben.“

Carsten sieht viel Sinn in dieser Art des Segelns, wie es auf *Fortuna* stattfindet. Er betont, dass er nichts dagegen hat, dass nette Leute einen netten Urlaub haben und wenn es auch der fünfte Urlaub im Jahr ist. Aber auf *Fortuna* hat er das Gefühl, dass er, in seinem kleinen Rahmen, an dieser Gesellschaft, die dringenden Bedarf zur Verbesserung hat, wie er sagt, positiv herummeißeln kann und zwar sehr direkt. Segeln auf *Fortuna* sei ein ziemlich anspruchsvolles Programm. Und genau deshalb will er es, erklärt er entschieden.

Vielleicht ist es auch für die, die den fünften Urlaub im Jahr machen gar nicht so schlecht, wenn sie mal was mit anderen zusammen machen und gemeinsam an der Schot ziehen müssen, fährt er fort. Aber er hatte auf anderen Schiffen oft sehr saturierte Mittfünfzigjährige an Bord, die in ihrer Art für viel Negatives, das in dieser Gesellschaft passiert, mitverantwortlich seien. Wenn ein Fünfzigjähriger mault, weil er auch mal den Müll an Land tragen soll, warum soll ich den dann noch erziehen, fragt er sich. Das mache für ihn keinen Sinn.

Fix – ein Schlepper und viele Möglichkeiten

Seinen Schlepper *Fix* fand Carsten als *Maria af von Hoff* an der Oste auf dem Slip war. Der alte Schlepper lag dort schon länger und so fragte er auf der Werft nach, was damit passieren sollte. Den kannst du haben, sagte der Werftbesitzer, kostet den Schrottpreis. Carsten sah sich das Schiff an, fand den Rumpf wunderschön und fragte, was denn der Schrottpreis sei. Das waren 4000 Mark.

Neun lange Monate dachte er über die Sache nach. Auch wenn so ein Schiff ein Fass ohne Boden ist, das man neben einem Studium, das man selber finanziert, bestimmt nicht braucht, dann ist es eben das Letzte, was ich brauche, sagte er sich. Und kaufte *Fix*. Wenn man neun Monate über etwas nachdenkt, dann will das offensichtlich zu einem hin, meint er. Dann muss man es gebären. „Wenn man es nicht macht, dann unterdrückt man irgendetwas in sich selbst, was aber einen Ausdruck finden will. Und warum soll man es dann nicht einfach machen. Und dann sieht man, was daraus wird." Das Risiko war überdies relativ überschaubar. Mehr als 4000 Mark konnte er nicht verlieren. Zur Not hätte er *Fix* verschrotten können und die 4000 Mark wieder herausbekommen.

Er war der Meinung, man könne aus dem Rumpf ein Segelschiff machen. Die Größe war ihm vertraut. Er war etwas größer als *Maria af von Hoff,* die ihm mit ihren zwanzig Metern immer ein bisschen ‛zu lütt´ erschien, um wirklich was damit anfangen zu können. Und es war ein Rumpf, dem er es zutraute hochseetüchtig zu sein, denn sein Traum war es, nach Grönland zu segeln. *Fix* ist dreiundzwanzig Meter lang, 5,50m breit und hat 2,30 m Tiefgang. Es ist ein Schiff mit dem man auf große Fahrt gehen kann. Carsten dachte außerdem anfangs daran an Bord zu wohnen und nicht, wie alle anderen, ein Haus oder eine Wohnung haben. So würde er keine Miete zahlen und den Rumpf so nach und nach ausbauen. *Fix* hatte einen Wohnbereich, ein sogenanntes Logis, aber keinen Motor.

Schnell wurde er allerdings von der Realität eingeholt, denn er stellte fest, dass es in Braunschweig, wo er studierte, keinen Liegeplatz für *Fix* gab. Der Plan war gewesen, im Mittellandkanal in einem der Häfen zu liegen. Das klappte nicht. Deshalb blieb *Fix* zunächst auf der Werft an der Oste. Dann hatte der Werftbesitzer eine Zeitlang schlechte Stimmung und schimpfte mit anderen herum, die dort auch mit ihren Schiffen lagen und schließlich ließ er seine schlechte Laune auch an Carsten aus. Dem wurde klar, dass er fort musste. Er hatte damals von Dave, einem Freund, gehört, dass sich in Flensburg ein Verein gegründet hätte, der eine Schiffsbrücke beim Gebäude der Raiffeisen-Genossenschaft am Ostufer der Förde bauen wollte. Die drei Schiffe *Cerberus*, *Jonathan* und *Giddyup* lagen schon dort. Also wurde *Fix* kurzerhand hingeschleppt.

Dieser Verein hatte sich zwar gegründet, aber zum Bau der Brücke ist es nicht gekommen, weil die Raiffeisengesellschaft das ursprünglich zugesagte Wassergelände schließlich doch behalten wollte, um dort Frachtschiffe zu löschen und zu laden. Immerhin konnte *Fix* dort noch einige Jahre liegen bleiben.

Eines Tages rief Motor-Manni an und meinte, er hätte eine Maschine für *Fix* gefunden und so brachte Carsten seinen Schlepper nach Arnis in die Schlei. Dort wurde der Motor eingebaut und es ergab sich die Möglichkeit einen festen Liegeplatz in Kappeln im Museumshafen zu bekommen. Das ist jetzt fast dreißig Jahre her.

Alles ändert sich

Etwa ein Jahr nachdem Carsten *Fix* gekauft hatte, starb seine Freundin. Sie hatte unter starkem Asthma gelitten und wollte daher lieber an der See leben. Daher hatten die beiden geplant nach dem Abschluss des Studiums an die Nordsee zu ziehen. Ihr Tod kam völlig unerwartet und stellte Carstens Leben auf den Kopf. Das Einzige was für ihn noch fix war, sagt Carsten rückblickend, war *Fix*. Und alles andere war gerade im Schwung und das sei vielleicht ganz gut gewesen.

Es war Winter und Carsten hatte sein Schiff gerade aufgeslippt. Eine Gruppe von Kommilitonen war gekommen, um zu helfen. Während des Studiums hatte sich eine enge Freundschaft unter ihnen entwickelt. Fast die Hälfte seines Semesters kam daher nach Neuhaus an die Oste, um ihn bei den Arbeiten am Schlepper zu unterstützen und die Studenten rückten emotional in dieser, für Carsten so schwierigen Zeit, noch enger zusammen.

Carsten hatte sich vorgestellt, auf dem Schlepper ein Architekturbüro oder eine Werkstatt einzurichten oder möglicherweise ein Projekt mit vielen Freunden zu realisieren. Sehr konkret war das alles nicht, aber ihm schienen sich viele Möglichkeiten zu bieten. Auf jeden Fall wollte er mit *Fix* segeln.

Aber seitdem er Skipper auf *Fortuna* ist, ist er ganz viel gesegelt. Diesen Punkt kann man also als abgearbeitet betrachten, meint er daher. Den Plan, alle Weltmeere zu besegeln, hat er bisher noch nicht abgearbeitet. Aber heute, fast zwanzig Jahre später, sind seine Träume und Pläne nicht mehr dieselben, wie damals als er studierte. Vielleicht, sagt er, muss ich nicht bei Sturm um Kap Hoorn segeln. Es ist auch schön zu Hause zu sitzen und ein Buch darüber zu lesen. Er will auch nicht mehr unbedingt nach Grönland. Der Atlantik reizt ihn noch sehr.

Auch den Traum mit ganz vielen Leuten ganz viel zu segeln, hat er in die Tat umgesetzt. Durch die Anstellung als Skipper auf *Fortuna* musste er kein finanzielles Risiko auf sich nehmen und konnte so sehr unbeschwert unterwegs sein. Dafür war das Segeln in vieler Hinsicht beschränkt. Die Ziele der Tagesetappen sind oft nur wenige Meilen voneinander entfernt, bei stürmischem Wetter bleibt das Schiff im Hafen. Man erlebt keine seglerischen Highlights auf *Fortuna*. Dennoch sei es durchaus ein Segeln auf hohem Niveau, meint Carsten. Aber man müsse es aus einem anderen Blickwinkel betrachten.

Es kann um Weite gehen und um große Ziele, es kann aber auch um den jeweiligen Tag gehen, so der Skipper. Es sei wichtig, ein befriedigendes Ziel in jedem Tag zu sehen. Und das gelingt ihm. Sein Anspruch ist es, nicht mehr als eine Stunde Maschinenfahrt am Tag, oder acht Stunden pro Woche auf dem Zähler zu haben. Auf jedem Törn wird einmal ein Mann-über-Bord-Manöver gefahren. Die Boje wird über Bord geworfen. Der Motor bleibt aus, und man fängt die Boje wieder ein. Auch so kann man auf hohem Niveau fahren, konstatiert der Skipper. Man müsse dafür nicht um Kap Hoorn herum. Die weitesten Törns mit *Fortuna* gingen nach Bornholm, nach Christiansø und Laesø im Kategatt.

Die Menschen, die auf Fortuna mitsegeln, sind vordergründig oft nicht auf hohem Niveau. Vielleicht schaffen es 20 Prozent von ihnen einen Segelknoten richtig zu machen. Einige schaffen es vielleicht die Leine richtig herum auf der Klampe zu belegen, der Rest aber nicht. Das heißt für die Stammbesatzung, dass jeder einen Blick dafür haben muss, wo etwas nicht stimmt, um schnell und dezent korrigierend einzugreifen. Das muss jedes Besetzungsmitglied immer im Hinterkopf haben. Es ist sinnlos, jemandem vorzuwerfen, dass er etwas falsch gemacht hat. Jeder ist an Bord nicht nur für sich selbst, sondern auch für die anderen verantwortlich. Das ist es, was das Segeln auf *Fortuna* ausmacht und besonders macht.

Ich mache jetzt erstmal weiter

Wie es mit *Fix* weitergeht war lange ungewiss. Aber es ging immer weiter, denn die einzige Alternative wäre, das Schiff zu verschrotten. Soweit ist es aber nicht gekommen. Carsten freut sich über jeden kleinen Schritt, den er mit dem Schlepper vorankommt. Während er eine neue Schanz um das Heck herum baute, dachte er nebenbei über den Innenausbau des Kartenhauses nach und freute sich, dass er das Schiff schon als Motorboot nutzen konnte. *Fix* fuhr aus eigener Kraft. Ein Meilenstein. Alles andere würde sich irgendwie entwickeln. Vielleicht käme irgendwann das Rigg. Aber vielleicht würde sich auch eine ganz neue Idee entwickeln. Möglicherweise taucht jemand auf, der mitmacht. Alles war offen.

Das Ziel, auf *Fix* zu wohnen hatte der Eigner schon vor langer Zeit aufgegeben. Das hatte damit zu tun, dass seine Frau sich nicht vorstellen konnte, auf einer Schiffsbaustelle zu leben, aber morgens geduscht und adrett angezogen im Büro zu erscheinen. Also suchten sie gemeinsam nach einer Alternative. Da die Mietpreise in der Schleiregion hoch waren, und sie nicht viel Geld in der Tasche hatten, beschlossen die beiden ein Haus zu kaufen. Was sie sich leisten konnten, war eine Bruchbude, wie Carsten es ausdrückt. Mitten im Winter fingen sie an Fußböden und Wände herauszureißen. Wenn gerade die Küche gemacht wurde, installierten sie auf der anderen Seite des Hauses provisorisch eine Küche. Irgendein Bereich war immer zivilisiert bewohnbar. Außer dem Badezimmer. Das war mal fast acht Wochen lang nicht vorhanden. Da musste die Körperhygiene draußen im Garten stattfinden.

Jetzt ist das Haus fertig und es ist wieder Energie und Zeit für *Fix* da. Ursprünglich sollte der Ausbau sich an der Sicherheitsrichtlinie für Traditionsschiffe orientieren. Inzwischen will Carsten das nicht mehr. Da das Schiff als Schlepper gebaut wurde, ist es nicht mehr möglich, es als Segler umzuwidmen. Einen Traditionsschlepper möchte Carsten aber nicht daraus machen. Sein Ziel ist und war immer das Segeln.

Nachwuchssorgen

Auch wie es mit *Fortuna* langfristig weitergehen wird, ist nicht klar. Es gibt junge Leute in der Traditions-Szene. Die sind aber meistens als Bootsleute an Bord, weniger als Skipper. Leute die sich selber als Eigner mit einem Schiff belasten wollen gibt es kaum. Aber es gibt immer Nachwuchs bei den Bootsleuten. Es kommen Anrufe von Jugendlichen, die gerade siebzehn sind und als Bufdi (Bundesfreiwilligendienstler) mitfahren wollen. Das liegt an dem Konzept, des Vereins und des Schiffes. Bei manchen anderen Vereinen oder Stiftungen sei das Durchschnittsalter sehr hoch. Diese Schiffe fahren beim Hamburger Hafengeburtstag mal für ein paar Stunden raus oder machen zu Ostern eine Tagesfahrt. Damit kann man keine Katze hinter dem Ofen vorlocken, sagt Carsten. Das ist nicht das, was junge Leute wollen. Die wollen fahren, weil das ein cooles Schiff ist, weil man coole Reisen damit macht. Der *Lotsenschoner Nr. 5 Elbe* ist mehrfach um die Welt gesegelt, so Carsten. Wenn man damit heute nicht mal mehr eine Reise auf der Ostsee mache, dann sammelten sich dort die Alten und es kämen immer wieder welche dazu, die eigentlich gar keine Lust hätten unterwegs zu sein.

Auf Schiffen wie *Fortuna, Roald Amundsen* oder *Frietjof Nansen* kommen viele Leute an Bord, Junge und Ältere, weil da was Cooles stattfindet. Da wird Ausbildung gemacht. Auf diesen Schiffen gibt es Nachwuchs. Aber Leute, die größere Schiffe als Eigner oder Skipper übernehmen würden, sind nicht dabei.

Aber das Nachwuchsproblem gibt es auch in den Segelvereinen. In Hamburg gab es ursprünglich etwa dreißig Jugendkutter, also ehemalige Marinekutter. Jetzt sind es vielleicht noch zehn, weil die Jugendabteilungen geschrumpft sind. Die jungen Leute haben jetzt andere Interessen, konstatiert der Skipper. Es gibt riesige Angebote. Oft haben die Eltern eine Yacht, die Kinder wachsen damit auf, haben aber später kein Interesse mehr daran.

Das Jugendkuttersegeln hatte früher seinen unglaublichen Reiz dadurch, dass die Jugendlichen als Gruppe allein gelassen wurden. Da war kein Erwachsener dabei. Inzwischen hätten alle Handys, die sie auch immer in der Tasche haben. Sie müssen sich ständig zu Hause melden. Damit verändere sich die ganze Reise. Das was die Sache einst spannend gemacht hat ist dadurch weg und das Interesse wird weniger. Auch das Abitur nach acht Jahren hätte auch eine Menge zu der Veränderung beigetragen, meint er. Die Jugendlichen hatten keine Zeit mehr für andere Interessen.

Auf *Fortuna* gab es noch vor einigen Jahren Bootsleute und solche, die es werden wollten, die gerade achtzehn bis neunzehn Jahre alt waren. Das hat sich heute verlagert. Da sind inzwischen eher Menschen dabei, die Anfang dreißig sind, ihre Ausbildung oder ihr Studium hinter sich haben, einige Jahre im Beruf gearbeitet haben und sich fragen: „Soll ich bis sechzig so weiter machen? Das kann's doch nicht gewesen sein. Nein, ich probiere lieber nochmal was anderes aus."

Ein Bufdi an Bord von *Fortuna* ist Architekt, hat mit seinem Arbeitgeber einen Sabatical-Vertrag abgeschlossen und ist an Bord eingestiegen. Er hat seine Arbeit als Architekt gern gemacht, hat gut verdient. Trotzdem wollte er nochmal was mit Segeln machen und was Soziales und *Fortuna* fand er gut.

Das ist eine ganz andere Liga als die Achtzehnjährigen, so der Skipper. Da ist eine gelernte Tischlerin. Die hat ihr Studium für ein Jahr unterbrochen, um auf *Fortuna* zu fahren. Da ist ein Fotograf, der ist fertig ausgebildet, hat einen Job und zwischendurch setzt er ein Jahr aus und geht segeln. Ich weiß nicht, ob das auf den anderen Schiffen genauso ist, fragt sich Carsten. Es sind die Suchenden, sagt er, die Mitte bis Ende dreißig sind und so vielleicht dem Burnout entgehen wollen.

Jüngere Leute, die sich ein großes altes Schiff kaufen gibt es hingegen gar nicht. Niemand kann das finanzieren. Früher wurde ein Kredit bei der Bank aufgenommen. Für ein Schiffsprojekt bekommt heute niemand mehr Geld. Das ist selbst für Vereine schwierig.

Carsten meint, dass das auch mit der Entscheidungskultur in Deutschland zu tun hat. Die hat sich in den letzten zwanzig Jahren seiner Meinung nach negativ entwickelt. Die Entscheidungsträger sagen nicht mehr: das ist eine gute Sache, das machen wir! Vielmehr fragen sie sich zunächst, ob sie abgesichert sind. Jeder sei gegen alles Mögliche versichert. Es gehe nicht mehr so sehr um die Ziele. Das sei einer der Gründe, warum es die Traditionsschifffahrt heute schwer hat.

Wie wird es weitergehen?

Fortuna ist als Schiff ziemlich speziell, erklärt er. Er versuchte von Anfang an bei den technischen Anlagen alles allgemeiner handhabbar zu machen, damit auch andere Skipper und Bootsleute damit klarkommen könnten. Denn die Saison auf *Fortuna* ist lang und er möchte inzwischen längst nicht mehr 10 Wochen ohne Pause unterwegs sein müssen. Dann sei er nämlich nicht mehr nett und freundlich und geduldig, meint er. Aber es ist schwierig, Leute zu finden, die es sich zutrauen Skipper zu sein und die bereit sind die Verantwortung, nicht nur für das Schiff, sondern auch für die sehr speziellen Menschen an Bord, zu übernehmen.

Carsten ist besorgt. Seit 2007 sind von 170 Traditionsschiffen mehr als ein Drittel verschwunden, sagt er. Man wird sehen, wie viele in den nächsten Jahren übrigbleiben, meint er, ob es irgendwann noch zwanzig, dreißig oder vierzig Schiffe geben wird. Dass es weniger Traditionsschiffe sein werden, das ist für ihn klar. Es ist so viel Papierkram dabei, dass sich viele, insbesondere die Eigner kleinerer Schiffe, überlegen werden, ob sie das weiter machen wollen. Das Ganze muss ja auch Spaß bringen, sagt Carsten. Wenn man den Leuten den Spaß nimmt, dann ist es vorbei. Vielleicht halten sie noch ein paar Jahre lang durch. Aber er glaubt, dass dann die Luft raus sein wird. Bei Sachen, die Spaß machen sei die Luft nicht so schnell raus. Auf jeden Fall werde sich vieles verändern. Und ob das zum Guten sein wird, bezweifelt er.

Er fragt sich, was mit den Schiffen geschehen wird. Werden sie verschrottet und landen im Hochofen, im Müll, werden sie in den Häfen vor sich hin rotten oder wird noch einmal etwas ganz Neues beginnen?

Fix hat er zwanzig Jahre lang vor dem Abwracken bewahrt. Das war sein entscheidender Beitrag für dieses Schiff. Das war ein Ziel, das er erreicht hat. Darauf ist er stolz. Vielleicht macht jemand anders irgendwann weiter, sagt er. Schiffe haben ein Eigenleben, das oft viele Zwischenstadien hat. Solange sie überhaupt noch ein Stadium haben und nicht in der Schrottpresse landen, sind sie gerettet, freut er sich.

Wie es für ihn selbst weitergeht, weiß der Skipper noch nicht. Vor kurzem hat er mit seiner Frau darüber gesprochen, dass er sich vorstellen kann etwas ganz Neues zu machen. Es muss aber etwas Cooleres sein, als das was er auf *Fortuna* macht. Das wird schwer, sagt er. „Ich will ja keinen Schritt nach hinten machen. Die Schritte müssen immer nach vorne gehen. Ich habe bisher leider noch nichts gefunden, was mich begeistert." Er hätte sich gut vorstellen können, auf den Offshore Windanlagen zu arbeiten, aber das hat nicht geklappt. „Mein Lebenslauf war ja ziemlich kraus und bunt und nicht so direkt. Vielleicht war das das Problem, aber das ist ja auch eine Chance."

Fix hat inzwischen eine neue Chance bekommen. Ein Verein hat sich gegründet, der mit Hochdruck das Schiff zum Segler ausbaut, kleinere Segeltörns unternimmt und in absehbarer Zeit damit auf große Reisen gehen möchte.

Sobald die Leinen los sind, ist alles gut
Rieke

Es ist nicht leicht, an Bord der *Sigandor* zu kommen. Es geht nur, wenn Skipper Rieke Bomgaarden die Gangway ausschwenkt. Es ist eine Sicherheitsmaßnahme, damit keine ungebetenen Gäste an Bord kommen. Es ist Winter, das Schiff liegt in Flensburg an der Pier des Museumshafens. Ich bin mit Rieke verabredet und er hat schon den kleinen Heizlüfter eingeschaltet. Warm will es während unseres Gesprächs in dem großen Schiffssalon mit den vielen Tischen und dem großen Ofen, der heute kalt bleibt, allerdings trotzdem nicht so recht werden.

Rieke, der Skipper der *Sigandor*, liebt Traditionsschiffe und ist begeisterter Segler. Aber er möchte auch Schiffe bewahren, die keine Masten haben. Daher gehörte ihm eine Zeit lang der kleine Schlepper *Max* und er besitzt das Fahrgastschiff *Andreas Gayck*, das er vor der Schrottpresse gerettet hat. Und dann ist da noch der KFK-Kutter (Kriegsfischkutter) *Freedom*. Nicht alle seine Projekte laufen rund. Genaugenommen gar keins. Aber er erzählt gerne und dabei leuchten seine blauen Augen vor Enthusiasmus. Er ist im Vorstand der AGDM und der GSHW, um für die Zukunft der Traditionsschifffahrt zu kämpfen.

Aus der fahrenden Traditionsschiffs-Flotte bin ich wohl der Jüngste, meint er. Und das schon seit zwanzig Jahren, weil einfach niemand mehr nachgekommen ist. Die *Lovis* ist als Projekt neu dazugekommen, aber der Skipper ist schon seit vielen Jahren in der Szene der Tradis, wie die Traditionsschiffe von den Insidern meistens genannt werden, aktiv. Es kommen mal neue Schiffe dazu, aber keine neuen Leute, sagt er.

In Emden hat er bei VW Schlosser gelernt. Nach der Ausbildung sollte er am Band arbeiten und Autos zusammenschrauben. Das war nicht seine Sache und er dachte bald über Alternativen nach. So nahm er die Chance wahr und wurde Bildungsreferent in der Gewerkschaft IG Metall. Seine Schwerpunkte waren Ökologie, Arbeitsrecht und Antifaschismus. Das waren seine Themen und Steckenpferde. Eines der von ihm organisierten Ökologieseminare fand in Papenburg in der Historisch-Ökologischen Bildungsstätte statt. Ein Freund machte dasselbe Seminar, aber es fand an Bord eines Schiffes statt. Von Schiffen wollte Rieke damals noch gar nichts wissen. Dazu hatte er keine Beziehung, obwohl seine Urgroßeltern die beiden letzten großen Böttcherbetriebe in Emden betrieben haben. Da wäre also eine sehr kleine eine Verbindung zur Fischerei und zum Meer gewesen. Als die Eismaschinen und der 2. Weltkrieg, starb die Fassmacherei aus. So hatte er nie mit Schiffen zu tun. Seine Seminare fanden an Land statt. Aber als sein Freund plötzlich krank wurde, sprang Rieke ein und übernahm das Seminar an Bord der *Anna-Lisa*. Das war 1991 oder 92. Es war für ihn eine schicksalshafte Fügung. Ich habe mich sofort in die Traditionssegelei verliebt, erinnert er sich! Das waren fünf Minuten in denen das passiert ist. Ich bin anschließend nach Hause gefahren, habe gekündigt und mich in Hamburg an der Uni eingeschrieben. Ich wollte ein Schiff haben, das war gleich klar. Aber ich wollte nicht mit meinem Gesellenbrief als Schlosser damit anfangen. Ich wollte noch irgendeinen Schein haben, der in Deutschland mehr Stabilität verspricht als ein Gesellenbrief." Also studierte er Arbeits- und Wirtschaftsrecht an der Hochschule für Wirtschaft und Politik in Hamburg. In den Semesterferien arbeitete er in Finkenwerder auf einer Werft und lernte, wie man Schiffe repariert. Er fuhr als Bootsmann und half bei Instandsetzungsarbeiten auf Tradis, wo immer es eine Gelegenheit gab.

Butter bei die Fische

Schließlich fühlte er sich gerüstet, um mal etwas mehr ‚Butter bei die Fische' zu geben, wie man in Schleswig-Holstein sagt. Er beschloss einen längeren Segeltörn mitzumachen, um herauszufinden, ob es wirklich das ist, was er will. Es war Ende Oktober und er ging wie fast jeden Tag, zum Hafen hinunter. Diesmal lag dort die *Fridtjof Nansen*, für die gerade eine Crew für ein halbes Jahr gesucht wurde. Rieke dachte nicht lange nach, reichte ein Urlaubssemester an der Hochschule ein und ging 48 Stunden später mit kleinem Gepäck an Bord. Am 1. November liefen sie mit Kurs Balearen aus. Rieke hatte vor bis April an Bord zu bleiben. Aber die Sache entwickelte sich ganz anders.

Die Crewzusammensetzung war nicht gut. Die Führungskräfte schienen überfordert. Mit an Bord waren schwer erziehbare Jugendliche. Das hatte man der Mannschaft vorher aber nicht gesagt. Sie erfuhren nur so nebenbei davon. Der Zustand des Schiffes war nicht in Ordnung, die Verpflegung ungenießbar, sagt Rieke. Wir hatten Mayonnaise aus Militärbestanden der DDR an Bord, die längst abgelaufen war. Alle bekamen Magenverstimmung, sodass einige komplett ausfielen. Der Dieselherd war schon defekt, als sie ausliefen. Das Essen schmeckte nach

Diesel. Das Kartoffelbreipulver musste mit Wasser aufgegossen werden, weil keine Milch da war.

Zunächst hielt Rieke das alles noch für normal. Seefahrt ist eben doch nichts für mich, ich bin ein Weichei, dachte er. Aber als in jedem Hafen Besatzungsmitglieder absprangen, wurde ihm klar, dass es nicht an ihm lag. In Lissabon stieg auch er schließlich aus.

Dort landete er auf einem norwegischen Traditionsschiff, einer Art kleinem Marstal-Schoner. Das Schiff sollte seeklar gemacht werden, um zu den Kanaren zu segeln. Gemeinsam mit einem Freund heuerte er voller Tatendrang an. Der Deal war, dass sie am Schiff arbeiten und verpflegt werden, um anschließend, Hand gegen Koje, zu den Kanaren zu segeln. Nach zwei Wochen war alles soweit fertig, dass die erste Ausfahrt gemacht werden konnte. Trotzdem wurde aber klar, dass es mit dem großen Törn nie etwas werden würde. Der Eigner wollte offensichtlich gar nicht mehr aus Lissabon weg. Aber das war nicht schlimm. Die Arbeit machte Spaß. das Wetter war gut, sie genossen Lissabon und lernten schließlich Crewmitglieder von einem anderen Schiff kennen mit denen sie dann tatsächlich zu den Kanaren aufbrechen sollten. Aber auf dem Weg dorthin wurde Rieke plötzlich klar, dass das lustige Vagabundenleben nicht das Richtige für ihn war. Er wollte nicht irgendwo im Süden stranden, wie so manch anderer. Er beschloss, sein Studium fertig machen und flog von Malaga zurück nach Hamburg.

Der Traum vom eigenen Schiff

Im Februar 1996 machte er den Abschluss und hatte gleichzeitig auch den Sportseeschifferschein in der Tasche. Gemeinsam mit zwei Freunden kaufte er die *Amazone*, einen fünfundzwanzig Meter langen See-Ewer von 1909. Das Geld dafür liehen sie sich von der Bank. Das war damals noch möglich. Die drei kannten sich schon lange und wohnten zusammen in einer Wohngemeinschaft. Aber die Träume am Küchentisch und die Realität stimmten nicht überein. Ein Schiff dieser Größenordnung ist ein Vollzeitjob. Es gab viel zu tun. Sie bauten das Schiff aus und machten die ersten Fahrten. Bald gab es aber erste Auseinandersetzungen und es zeichnete sich ab, dass die Konstellation der drei Freunde nicht tragfähig war. 1998 im Frühjahr stieg Rieke aus dem Projekt aus und war dann wieder auf allen möglichen Schiffen unterwegs, wo gerade ein Skipper oder Mannschaft gebraucht wurden. Eines davon war die *Hans von Wilster*, die in Flensburg beheimatet war. Es war wieder November. Sie machten Schweißarbeiten. Eines Morgens stand er an Deck und sah genau auf der gegenüberliegenden Hafenseite, da wo heute die klassischen Yachten liegen, die *Sigandor*. Es war so ein wunderbarer Morgen, alles lag noch im Nebel und aus diesem Nebel guckte das Schiff heraus.

Rieke hat dann sehr schnell beschlossen, dass er genau dieses Schiff haben wollte. Aber kauft man ein Schiff, wenn man niemanden kennt? Er besuchte Arne von der *Marie*. Er kannte weder die *Marie* noch Arne. Aber er klopfte an, sie tranken ein paar Tassen Kaffee und Arne erzählte ihm, was er über die *Sigandor* wusste. Noch am selben Tag rief Rieke bei Uli, dem Eigner des Schiffes, an und fragte, ob er es verkaufen wolle.

Der sagte erstmal, ja. Am 1. Advent trafen sie sich. Rieke war von der *Sigandor* begeistert. Sie trafen sich dann nochmal in Hamburg, um alte Unterlagen anzusehen und Rieke stellte viele Fragen. Im Ergebnis kamen sie überein, dass er das Schiff kaufen würde. Ein Notartermin wurde vereinbart und die Finanzierung mit der Bank stand. Aber dann rief Uli eines Morgens an und sagte, er hätte nachts so fürchterlich schlecht geschlafen und er würde das Schiff nun doch nicht verkaufen wollen.

Das ganze Puderzuckerhäuschen, das wir über Monate gebastelt hatten, zerfiel, sagt Rieke rückblickend. Das war im April 1999. Man muss ja nicht verkaufen. Aber wenn man sich dann entschieden hat und alles geregelt ist, dann macht man sich ja auch ein bisschen lächerlich, wenn man in der letzten Sekunde wieder abspringt, meint er. Rieke arbeitete damals bei der Hamburger Kinder- und Jugendhilfe. Er hatte den ganzen Winter über von jedem, der krank war oder Urlaub machen wollte, Stunden übernommen, die er im Sommer wieder abbummeln wollte. Und er hatte gekündigt. Nachdem der Schiffskauf geplatzt war hatte er trotzdem einen schönen Sommer, erinnert er sich. Aber das brachte ihn seinem eigenen Schiff nicht näher.

Während der folgenden Saison sah er die *Sigandor* immer wieder, mal auf der *Kieler Woche*, mal auf der *Hanse Sail*. Er war immer auf verschiedenen Schiffen unterwegs, denn als die Sache mit der *Sigandor* ins Wasser gefallen war, hatte er sich andere Mitsegelmöglichkeiten gesucht. Das ging dann auch ganz schnell, denn inzwischen war er in der Szene bekannt, und wurde von allen Seiten gefragt, ob er anheuern wolle.

Im August verließ die *Aglaya*, auf der Rieke am Steuer stand, zufällig gleichzeitig mit der *Sigandor* die *Hanse Sail*. *Sigandor* und *Aglaya* fuhren nebeneinander aus Warnemünde raus. *Sigandor* links rum, nach Spanien, *Aglaya* rechts rum, nach Danzig. In den Molenköpfen wünschten sich die beiden Skipper gegenseitig eine schöne Reise. Dann hörte er erstmal nichts mehr von seinem Traumschiff.

Aber er war weiter auf der Suche nach einem geeigneten Schiff und sah sich alles an, was irgendwie in Frage zu kommen schien, aber sein Herz hing an der *Sigandor*. Es gab größere Schiffe, die ihn ebenfalls begeisterten, aber sie waren entweder zu groß oder zu teuer. Er wollte nichts kaufen, was er sich nicht leisten konnte und auch nichts fahren, was er mit seinen Papieren nicht fahren durfte. Eines lag auf Malta. Die Hauptmaschine lief nicht, das Getriebe war kaputt. Da hätte ich fünf Jahre auf Malta gesessen und wäre wahrscheinlich, wie der norwegische Kapitän in Lissabon, niemals losgekommen, meint er rückblickend. Ich bin total froh, dass dieser Kelch an mir vorbeigegangen ist, sagt er. Ich hatte das in Erwägung gezogen. So ein riesiges Schiff ist ja auch was fürs Ego.

Sigandor wechselt den Eigner

Anfang Februar des nächsten Jahres klingelte dann in Hamburg sein Telefon. Uli war dran und fragte, ob ich sein Schiff haben will. Er rief aus Spanien an. Rieke reagierte reserviert. Er wollte sich nicht nochmal zum Narren halten lassen. Sie könnten ja mal drüber reden meinte er, gab aber dem Eigner der *Sigandor* zu verstehen, dass er eigentlich nicht mehr glaubte, dass noch was daraus werden könnte. Dann vergingen zwei Wochen und plötzlich stand Uli in Hamburg vor der Tür. „Ich will mein Schiff verkaufen. Willst du es haben oder nicht?", fragte er.

Sie setzten sich zusammen und letztlich wurde es für beide ein guter Weg. Die Bank war nicht mehr bereit, einen Kredit zu vergeben. Inzwischen gab es neue Regeln nach denen eine Bank Kredite prüfen muss, ehe sie ihn gewähren kann. Seitdem ist eine private Schiffsfinanzierung praktisch nicht mehr möglich, da die sogenannte Drittverwendung, also die Möglichkeit, es weiter zu verkaufen, falls der Kredit nicht bedient werden kann, berücksichtigt werden muss. Rieke hatte ein paar Rücklagen und konnte als Kunde der Bank einen Kleinkredit aufnehmen. Das war seine Anzahlung. Für den Rest wurde der Verkäufer sein Kreditgeber. Und das ist das Beste, was man machen kann, sagt er heute. Denn beide Parteien sind gezwungen, zum Wohl des Schiffes zu agieren. Wenn es in den zurückliegenden Jahren jemals Probleme gab, dann war Uli immer sein Ansprechpartner und der war natürlich auch daran interessiert, dass es voran geht, damit er sein Geld bekommt. Sie sehen sich bis heute regelmäßig. Sie treffen sich auf einen Kaffee, Uli und seine Frau werden im Winter zum Grünkohlessen eingeladen. Sie leben dicht aneinander. Dadurch war manches möglich, was mit einer Bank nie funktioniert hätte. 2012 wurde das Traditionsschiffszeugnis für die *Sigandor* nicht mehr verlängert. Es ging damals um die Auslegung der neuen Sicherheitsrichtlinie für Traditionsschiffe. Sie bekamen das Zeugnis mal für sechs Wochen, mal für neun Tage. Es kam kein Geld rein, weil sie nicht auslaufen durften. Rieke konnte weder Zins noch Tilgung bezahlen. Aber Uli wusste was in der Szene los ist, da er selber mit seinem neuen Schiff in der Szene war. Da konnte man Tacheles reden. So gelang es diese Klippen gemeinsam zu umschiffen.

Nachdem sich die beiden Skipper einig waren und einen notariellen Vertrag gemacht hatten, der für Uli keine Hintertür mehr ließ, flog Rieke nach Spanien. Am 9. April 2000 kam er an Bord an und teilte seiner Bank mit, dass sie das Geld freigeben könnten. Bereits im Februar hatte er angefangen Adressenlisten zu schreiben. E-mails gab es zu der Zeit noch nicht und so mussten über 800 Briefe geschrieben und versandt werden, eine Internetseite wurde erarbeitet und Törnpläne für die ganze Saison erstellt. Er hatte sich überall beworben und sein neues Schiff zur *Hanse Sail* und der *Kieler Woche* angemeldet.

Der erste Törn, die ersten Gäste

Beim Ablegen in Spanien waren eine Bootsfrau und ein paar Gäste an Bord. Es war ein Überführungstörn und Überführungstörns sind allgemein nicht darauf ausgelegt, besonders schön zu sein. Es gibt Zeitdruck. Es war für die ersten Mitsegler, die von Denia bis Lissabon mitgefahren sind, nicht einfach. Es ging direkt an der Küste nach Norden. Entweder hat man Südwest oder Nordost-Wind. Sie hatten Südost. Immer mal wieder versuchten sie zu segeln und einen langen Schlag nach See zu machten, aber das führte zu nichts. So fuhren sie bis Gibraltar nur unter Motor.

Zwei Tage blieben sie wegen schlechten Wetters in Gibraltar, dann ging es weiter nach Lissabon. Es stand noch ziemlich viel See mit gewaltiger Dünung. Das einzige Ziel, das sie unter Maschine anlaufen konnten, wo sie sich mit den Wellen einsteuern konnten, war Sinesch, etwa hundert Kilometer südlich von Lissabon. Rieke hatte ganz schlechte Erinnerungen an diesen Hafen. Der Hafenmeister hatte sie mal mächtig gepiesackt. Man stand unter der Dusche und plötzlich wurde das Wasser abgedreht, weil angeblich irgendwo eine Leckstelle war. Ich bin zwei oder dreimal eingeseift ins Hafenbecken gesprungen um die Seife loszuwerden. Da wollte ich nie wieder hin, sagt Rieke.

Nun hatte das Schicksal beschlossen, dass er doch nochmal hinmusste. Sinesch ist ein riesiger Ölhafen. Aber es gibt auch einen ganz kleinen Kommunalhafen mit einem Yachthafen auf der einen Seite und einem Fischereihafen auf der anderen. Rieke wusste, dass er dort mit dem großen Schiff nicht liegen konnte. Er fuhr in die ovale Bucht mit dem Kastell hinein und warf den Anker. Es war ein traumhafter Ankerplatz.

Gleich am nächsten Morgen kam der Hafenmeister, begrüßte sie und freute sich über das schöne Schiff in seinem Hafen. Es war derselbe Hafenmeister, der ihn damals so geärgert hatte. Der konnte sich allerdings nicht mehr an den Skipper erinnern. Sie durften die Duschen umsonst benutzen. Er bot an, beim Shutteln zu helfen, was sie nicht brauchten, weil sie selber ein Schlauchboot hatten. Aber es war ein nettes Angebot.

Von dort ging es weiter nach Lissabon. Ein Teil der Gruppe ging in Sinesch von Bord und nahm den Zug, weil nicht klar war, ob sie per Schiff ihren Flug rechtzeitig erreichen würden. Aber der Wind drehte in die richtige Richtung und mit rauschender Fahrt ging es nach Lissabon, wo die Sigandor lange vor dem Zug ankam.

Später, als alle längst wieder in Deutschland waren, lud der Skipper seine ersten Gäste zu einem Segeltörn ein. Er wollte sie ein wenig für die anstrengende Zeit des Überführungstörns entschädigen, auf dem ja kaum gesegelt worden war. Weil sie aus München kamen, meinten sie aber, dass sie dann zu viel Anreisezeit hätten. Sie wollten lieber für eine Woche kommen, ein paar Freunde mitbringen und dafür einen kleinen Preis bezahlen.

Sie kamen also in Eckernförde an, die Leinen wurden losgeworfen, und schon ging die Fock hoch. Alle Segel wurden nacheinander gesetzt und los ging es nach Anholt und wieder zurück. Wir hatten in der ganzen Woche keine drei Motorstunden, weil wir konsequent nur dorthin gefahren sind, wo wir mit dem Wind hinkommen, erinnert sich der Skipper. Was nur mit Maschine geht, machen wir nicht, war die Devise, auf die sie sich verständigt hatten. Selbst wenn sie nur in der Kieler Förde hätten hin und herfahren können, wäre das in Ordnung gewesen. Erst Jahre später haben die Mitsegler erzählt, wie verblüfft sie waren, als die Segel gesetzt wurden. Und sie merkten, dass er das nicht speziell für sie macht, sondern dass er mit viel Spaß dabei war. Auf dem Überführungstörn, waren sie zu der Überzeugung gekommen, dass er gar nicht segeln wollte. Was sie ihm aber nicht sagten. Die Gruppe ist seitdem jedes zweite Jahr an Bord. Es ist längst so, dass Rieke sie mal zu Weihnachten anruft oder zum Geburtstag gratuliert. So werden Gäste zu Freunden, freut er sich.

Immer wieder Danzig und Brest

Er fährt das Schiff jetzt seit zwanzig Jahren. Sie fahren ziemlich weit. Sie waren mehrfach in Brest zum Treffen der Traditionsschiffe. Auch in Danzig sind sie oft gewesen.

In Danzig gibt es heute immer noch eine Postkarte mit der *Sigandor*. Vor einigen Jahren wurde der European Youth Cruise veranstaltet. Das war eine Jugendmaßnahme an der alle Osteeanrainer-Länder und solche, die es werden wollten, mitmachen konnten. Die *Sigandor* war jeweils vier oder sechs Wochen mit Jugendlichen aus den verschiedenen Ländern unterwegs. Ein Fotograf war an Bord, der auf den Touren mit den Jugendlichen ein Fotoseminar machte. Vorne war eine Kammer ausgeräumt und zur Dunkelkammer umfunktioniert worden. Es gab noch keine Digitalfotografie. Im Danziger Hafen wurde zum Schluss ein Foto mit der *Sigandor* gestellt. Das Schiff wurde perfekt aufgeräumt, jede Segelfalte genau gelegt und dann wurde es vor dem Krantor positioniert. Man kann dort nicht anlegen. Da ist nichts zum Festmachen, da sind nur Steine. Sie wurde aber unter Maschine so manövriert, dass es aussah, als würde das Schiff dort liegen. Auf dem Steg gegenüber lagen die Fotografen auf dem Bauch und haben fotografiert.

Ein halbes Jahr später, als das Schiff wieder in Danzig war, kam ein polnischer Fotograf mit einer Postkarte angelaufen. Der hatte damals auch fotografiert. Der ist einfach auf den Steg gegangen, ohne dass die *Sigandor*-Crew es gemerkt hatte, machte dasselbe Foto und es entstand daraus diese Postkarte. Die kann man immer noch kaufen.

Und immer wieder zwölf in einer Crew

In Brest war die *Sigandor* alle vier Jahre bei den Traditionsschiffstreffen. Aus seinen Erfahrungen mit Überführungstörns nimmt Rieke auf den Fahrten zu der Veranstaltung und zurück keine Gäste mehr mit, sondern nur Bootsleute. Das sind Leute, die vorher mindestens einmal auf einem Ostseetörn dabei waren. Aus denen rekrutiert er die Crew. Das geht so, erklärt er: In jeder Gruppe gibt es einen Teil, dem ist das Segeln egal, einem Teil macht es Spaß. Die, die Lust an der Sache haben und mit denen er gut klarkommt, fragt er, ob sie Lust hätten beim nächsten Törn wieder mitzufahren. Wenn das dann immer noch Spaß macht, kann man das fortsetzten, ist seine Devise.

Für die Überführungen nimmt er immer zwölf Leuten mit. Beim ersten Mal hatte er lange hin und her überlegt und geplant, hatte eine Liste erstellt von Personen, die mitfahren wollten. Einige sagten kurzfristig wieder ab und die Liste musste geändert werden. 2004 hatte er keine Lust mehr Listen zuschreiben und immer wieder zu ändern. Das sei Zeitverschwendung, fand er. Es gab viele Interessenten, die wirklich segeln wollten. Vor Schicksalsschlägen, Urlaubsstreichung oder Krankheit ist aber keiner sicher. Das kann eben immer passieren. Auch ohne Planung war schließlich wieder eine zwölf-köpfige Crew zusammen.

Dasselbe Spiel lief vier Jahre später ab. Als sie ablegen wollten waren sie erst elf. Die Maschine lief schon, die Vorleine war weggenommen. Da kam eine Frau die Pier entlang, die von einem anderen Schiff abgestiegen war und fragte, ob sie mit der *Sigandor* nach Frankreich fahren könnte. Sie kletterte über den Dalben an Bord und so waren es wieder zwölf Bootsleute. Das war beim nächsten Mal wieder so. Auf dem Hinweg war es einer mehr. Aber der Steuermann und die Bootsfrau mussten beide in Cherbourg aussteigen. Dann ist wieder eine Frau zugestiegen. Dadurch waren es wieder zwölf. Auf dem Rückweg waren sie zunächst nur zu zehnt und hatten schon dafür eingekauft. Dann ist es jetzt eben mit den zwölf nicht aufgegangen, dachte sich Rieke. Aber während sie noch das Schiff verproviantierten, kam ein dänisches Mädchen daher. Die war mit einem Frachter aus Sevendborg gekommen. Und schließlich kam noch eine Französin, und beide wollten mit nach Deutschland segeln. So waren sie doch wieder zwölf. Es ist jetzt ist die Frage, was beim nächsten Mal passiert und ob wir dann auch wieder zwölf sein werden. Der Skipper ist sich sicher, dass es klappt. Da laufen jetzt schon die Wetten, freut er sich.

Das Revier vor der Haustür ist traumhaft

Sigandor kann fünfundzwanzig Personen auf längeren Törns mitnehmen und auf Tagefahrten bis zu fünfzig. Normalerweise befahren sie überwiegend die westliche Ostsee. Das macht immer noch Spaß, sagt Rieke. Das Schöne am Segeln sei, dass es völlig egal ist, wo man segelt. Du wirfst die Leinen los, ziehst die Lappen hoch und segelst, sagt er. Das ist es! Meine Frau und ich brauchen nur abzulegen, auch ohne Gäste. Sobald die Leinen los sind und wir fahren in eine Richtung, dann ist alles gut. Meine schönsten Törns waren die, wo wir nicht weit gekommen sind. Damals mit den Münchenern in zehn Tagen nach Anholt. Da liefen wir manchmal nachts nur mit einem Knoten, weil einfach kein Wind war. Solche Sachen macht er oft. Seit Oktober 2016 liegt das Schiff in Flensburg. Meistens fährt er Wochenendtörns. Die meisten Gruppen kommen jedes Jahr wieder. Sie reisen am Donnerstagabend an und am Sonntag wieder ab. Das ist eine gängige Törnlänge. Manchmal sind sie das ganze Wochenende nur in der Flensburger Förde unterwegs. Sie legen unter Segeln ab, laufen mit Südwest raus, ankern nachts vor Egernsund. Am nächsten Tag kommt Ostwind, gegen den sie bis Sonderburg ankreuzen müssen. Dann fast Flaute und von Sonderburg bis Gelting dauert es einen ganzen Tag, obwohl das nur etwa acht Meilen sind. Zwischendurch gibt es einen Badestopp. Am drauffolgenden Tag segeln sie bei West-Nordwest mit langen Schlägen wieder nach Flensburg rein. Sowas macht jede Woche wieder Spaß. Dafür ist das Revier hier traumhaft, erklärt Rieke. Er liebt diese Landschaft bis runter nach Eckernförde oder Kiel, oder hoch nach Appenrade. Er mag dieses leichte, sanft hügelige, das Geschwungene dieser Landschaft, sagt er. Überall ist es geschützt. Das ist schön für die Mitsegler.

Er ist auch Nordsee gefahren. Da spielt Seekrankheit eine viel größere Rolle, weiß der erfahrene Segler, und du musst wegen der Tiden immer die Uhrzeit genau im Auge behalten. Das fällt hier alles weg. Die Gäste kommen um vier oder um fünf und müssen vielleicht noch eben einen Kasten Bier holen. Das ist völlig egal, weil sie dann immer noch ablegen und raussegeln können. Ich glaube, sagt er, das hast du fast nirgends auf der Welt so schön direkt vor der Haustür. Es ist ein Traumrevier.

Eine andere Sache ist es, der winterlichen Kälte zu entgehen. Diesen Plan hat er schon länger. Er hat Freunde auf den Kanaren und war im letzten Winter wieder dort. Er hätte Lust, zum Ende der Saison aufzubrechen und bis April dort zu bleiben. Das geht aber nur, wenn zu Hause auch ohne ihn in dieser Zeit alles rund läuft. Und da kommt der Schiffsenthusiast auf seine anderen Projekte zu sprechen, die gerade nicht gut laufen und um die er sich kümmern muss.

Nichts läuft mehr rund

Da ist die *Freedom*, ein Kriegsfischkutter von 1944, der später zum Segelschoner umgebaut wurde, der seit vier Jahren nicht fahren darf. Der einstige Butterdampfer, das Passagierschiff *Andrea-Gayck* gehört auch zu seiner Flotte. Solange die beiden Schiffe nicht in stabilem Fahrwasser sind, kann er nicht weg.

Die *Freedom* gehört ihm seit 2004. Er kaufte sie gemeinsam mit seinem Freund Rolli. 2008 und 2012 waren sie damit in Brest. 2004 nur mit der *Sigandor*. Da hatten sie die *Freedom* gerade gekauft. Rolli hatte vorher die Lükecker *Solvang* gefahren und wollte gerne ein eignes Schiff haben. Dann tauchte die *Karibik* auf. Die ist in der Weser gesunken. Auf diesem Schiff lebte einer, der mit später dieser *Karibik* in die Karibik fahren wollte. Er lag mit seinem Schiff ein paar Monate in Eckernförde und hier lernten sich die Skipper kennen. Dann stach die *Karibik* in See und zum Spaß riefen sie hinterher: wenn du irgendwo ankommst und da liegt ein schöner weißer Schoner im Hafen, der zum Verkauf steht, dann sag doch mal Bescheid! Er fuhr nach Cuxhaven und dort wurde sein Schiff direkt an die Kette gelegt. Und dann rief er an. Ich bin bis Cuxhaven gekommen und darf nicht weiterfahren, sagte er, aber hier liegt ein weißer Schoner, der steht zum Verkauf. Rolli und Rieke haben sofort recherchiert und kurz danach war in Cuxhaven die Versteigerung. Rolli ist dann aber aus dem Projekt ausgestiegen.

Freedom darf nicht fahren, weil sie keine Zulassung als Traditionsschiff bekommt. Sie ist eines von den Schiffen, die nicht unter den sogenannten Besitzstand fallen, erklärt Rieke. Im Moment sieht er keine Möglichkeit das zu ändern. Die *Freedom* ist nicht das einzige Schiff mit diesem Problem. Sie war ein richtiges Traditionsschiff und hatte ein Zeugnis. Das erste bekam sie 2004 und hatte es durchgehend bis 2012. Ohne Umbau und ohne Veränderung. Trotzdem hat die Behörde kein Zeugnis ausgestellt, weil die Freedom ursprünglich nicht als Segelschiff gebaut worden ist. 2013 hieß es, es sei möglich Sonderfahrzeug zu werden. Das ist die kommerzielle Alternative zum Traditionsfahrzeug. Dafür muss der Skipper ein Patent haben. Für die Zeit, in der der Skipper das Patent macht, haben diese Schiffe dann ein Übergangszeugnis bekommen. Das galt auch für die *Sigandor*. Rieke schrieb sich an der Seefahrtschule ein und macht das Kapitänspatent. Das haben mehrere andere auch so gemacht. Es musste für jedes Schiff eine Person gemeldet werden. Für die *Freedom* war das Olli. Trotzdem wurde das Zeugnis nicht erteilt. In dieser Zeit, als die *Freedom* gerade kein Zeugnis hatte, wurde der sogenannte Besitzstand definiert. Das ist der Stichtag zu dem das Schiff ein Zeugnis haben musste, um überhaupt jemals wieder Traditionsschiff zu werden. Alle, die in der Zeit ein Zeugnis hatten, egal wie lange, fielen unter die Besitzstandregelung. Die *Sigandor* hatte gerade eins, die *Freedom* nicht.

Das Schiff kostet viel Geld. Rieke und seine Frau gehen regelmäßig an Bord, lüften und heizen, damit es von innen nicht kaputt geht, aber von außen wird es immer schlimmer, weil sie es einfach nicht mehr schaffen. Man findet keine ehrenamtlichen Mitstreiter für ein Schiff, das nicht fahren darf, sagt er enttäuscht. Wenn das Schiff fahren darf, sind immer Leute da, die Spaß daran haben, es aufzubauen. Das war mit der *Sigandor* auch lange ein Problem. Sie hatten immer wieder lange ungewisse Zeiten in denen sie nicht wussten, ob sie ein Zeugnis bekommen. Seit 2012 fahren sie nun mit kurzfristigen Zeugnissen. Das hat die gesamte ehrenamtliche Struktur zerschlagen. Es gibt einen Freundeskreis von etwa fünfunddreißig Leuten, der sich um das Wohl des Schiffes kümmert, der auch Mitspracherecht hat, wenn etwas verändert werden soll und der natürlich mit dem Schiff fahren möchte. Das ist schon so ein recht familiäres Ding, meint der Skipper. In demselben Kreis war auch die *Freedom* drin. Es gab auch Leute, die sich ganz speziell in die *Freedom* verliebt haben und sich da mehr drum gekümmert haben und andere haben sich mehr um die *Sigandor* gekümmert.

Das lief total gut bis 2010, dann etwas wackelig bis 2012, aber es lief. In dieser Zeit kam die *Anreas Gayk* dazu, ein ehemaliger Butterdampfer, 1969 gebaut und 1970 in Dienst gestellt. Der ist jetzt ein Problem. In der Situation, die sie 2009 hatten, schien alles richtig zu sein. *Sigandor* und *Freedom* liefen, ganz viele Mitsegler waren da. So kam es zu der Idee den Butterdampfer zu übernehmen und im Winter aufzubauen. An der *Gayk* war ja richtig viel Arbeit. Die anderen Schiffe mussten nur unterhalten und gepflegt werden. Es war auch klar, dass viel Geld investiert werden musste. Auf so einem Schiff wie der *Gayk* kannst du bei jedem Wetter arbeiten, da ist man ja überall unter Dach, so der Eigner. Auf der *Sigandor* nicht. Hier kann man im Winter bei Schnee und Regen nichts anzufangen. Also hätten sie im Winter an der *Gayk* gearbeitet. Die beiden Traditionssegler und das Fahrgastschiff sollten zusammen ein Projekt werden. Dann brach die *Freedom* weg und es kamen die Probleme mit der *Sigandor*, die kaum noch fahren durfte.

Damit verschwand auch die Möglichkeit in das Fahrgastschiff zu investieren und es begannen die Auseinandersetzungen mit der Stadt

Eckernförde. Die hatte den Liegeplatz zugesagt, dann aber einen Rückzieher gemacht. Rieke bekam einen Strafzettel, weil sein Anhänger länger als vierzehn Tage an einer Stelle gestanden hatte. Die Liegekosten sollten ursprünglich 1800 Euro betragen, plötzlich wurden es 18.000 Euro. Der Strom wurde abgestellt.

Rieke möchte mit der *Andreas Gayk* das maritime und kulturelle Erbe erhalten, zu dem nach seiner Meinung eben auch die Zeit der Butterschifffahrt gehört. Diese Schiffe sind verschwunden. Ich kann nicht alles aufhalten, sagt er. Aber ich glaubte damals, dass wir das mit dem Fahrgastschiff hinkriegen. Wir wollten damit kleine Ausfahrten in der Förde machen, also Kaffeefahrt mit ganz kleinem zollfreiem Verkauf. Eine Schachtel Zigaretten und ein kleines Fläschchen Schnaps. Das sollte eher ein Spaß sein. Wir hatten die Idee, damit die Geschichte der Butterschifffahrt am Leben zu erhalten und auf ganz kleinem Niveau solche Verkaufsfahrten in Erinnerung bringen. Die Idee schlug sogar schon ein, als das Schiff nur an der Pier lag. Sie eröffneten die Gastronomie und das wurde sehr gut angenommen.

Und dann kamen Schicksalsschläge, wie sie immer mal vorkommen können. Ein guter Freund, der einen Teil des Schiffes gepachtet hatte, um einen Kultursalon zu machen, starb plötzlich. Der Kultursalon war eröffnet und wurde gut besucht. Sie hatten gerade den 49. Geburtstag des Freundes gefeiert. Wir waren freitags verabredet und er kam nicht. Es war sehr ungewöhnlich, dass er eine Verabredung nicht einhielt. Er hätte abgesagt oder wäre telefonisch erreichbar gewesen. Er kam nicht und war nicht erreichbar. Schließlich wurde die Wohnungstür aufgebrochen und da fand man ihn tot im Bett.

Das war einer der Rückschläge. Der nicht enden wollende Streit mit der Stadt war ein anderer. Wenn Veranstaltungen stattfanden, wie die Heringstage oder der Fischmarkt, wurde der Butterdampfer so zugebaut, dass niemand hinkommen konnte. Sie hatten für das Wochenende Getränke gekauft, der Koch stand bereit aber es kam nicht ein Gast an Bord. Der Butterdampfer liegt jetzt in Marstall in Dänemark und Rieke hofft noch, dass sich irgendetwas zum Positiven wendet.

Ohne Traditionsschiffszeugnis läuft nichts

Es sind jetzt nur noch die Schiffe überlebensfähig, die ein Zeugnis haben und eine Struktur ums sich herum, die sie am Leben erhält. Wer keine funktionierende Organisation um sich herum hat, wie z.B. einen großen Verein, der das ganze trägt, der tut sich unglaublich schwer. Da stirbt die deutsche Szene gerade, glaubt Rieke. Wir haben Stabilität durch die neue Verordnung, aber das nutzt nichts, wenn wir keine Menschen haben, die die Schiffe betreiben wollen. Betreiben können es nur die, die es sich leisten können neben ihrer Arbeit, so ein Hobby zu haben Das gilt für Bootsleute und Skipper. In fünf Jahren greifen alle Vorschriften. Für die *Sigandor* brauche er dann zwei Leute mit Seediensttauglichkeits-Zeugnis und es muss viel nachgerüstet werden. Der Fördertopf bezahlt das zwar, aber erst musst du die Leistungen bezahlen und kannst dann nachträglich die Rechnungen erstattet bekommen.

Wie wird das mit den kleinen Schiffen, fragt er sich. Die Möglichkeiten, Geld zu verdienen sind so oder so begrenzt. Die Unterhaltungskosten für kleine und große Schiffe unterscheiden sich nicht sehr. Aber sie sind ganz unterschiedlich, bei dem was man damit verdienen kann. *Sigandor* fährt mit fünfundzwanzig Personen in der Mehrtagesfahrt, das sind drei

Crewmitglieder, zweiundzwanzig Gäste. Auf einem kleinen Schiff sind vielleicht acht bis zehn Kojen. Das ist ein riesiger Unterschied. Kaum jemand hat ausreichende Rücklagen.

Es gibt viele Vereine, die um ein Schiff herum sind. Die wollen ja nicht das Schiff betreiben um sich einen bürokratischen Dauerkampf zu liefern. Die wollen mit dem Schiff zur See fahren, die wollen Spaß haben, das Schöne soll überwiegen. Die wollen mit dem Wasser zu tu haben. Wenn das anfängt zu nerven, weil man die Kosten nicht mehr einfahren kann, dann geht er Spaß verloren. Wenn man überreguliert, geht der Spaß verloren. Und die Situation haben wir jetzt. Wir haben die stabilste Richtlinie, seit wir Richtlinien haben. Und es gibt einen Fördertopf. Gleichzeitig wird das Ganze teuer, superanstrengend und ob der Spaß noch da sein wird, das bezweifle ich. Insbesondere beim Nachwuchs. Denn wer kauft denn heute ein Schiff? Kein Mensch. *Sigandor* hat Besitzstand. Das heißt, dass jemand, der das Schiff übernehmen würde, es weiter betreiben dürfte. Aber er kann es nicht, denn er darf nicht davon leben, er darf keine Altersrücklagen bilden. Er darf es nur aus seinem persönlichen Vermögen heraus betreiben, und das auf Jahrzehnte.

Die Leute, die die Schiffe aufgebaut haben, die haben Rostklumpen aus Hafenecken gepult und zusammengebaut. Mit sehr viel Know-How wurde eine sehr schöne Flotte geschaffen. Schiffe sind immer schon verloren gegangen, weil sie sich einfach nicht mehr instand setzten ließen. Aber der Teil, der jetzt da ist, der ist sehr gut, aber der lebt nur weiter, wenn es auch Spaß macht.

Ich will die *Sigandor* behalten bis zum jüngsten Tag. Für die *Freedom* suche ich jemanden, der das Schiff übernimmt. Wenn sie kein Zeugnis bekommt, dann bleibt nur sie als Sonderfahrzeug oder Sportboot zu Ausbildungszwecken zu nutzen. Das würde gehen, da die *Freedom* nie als Berufsfahrzeug in Dienst gestellt worden ist. Sie hätte als Kriegsschiff, in Dienst gestellt werden sollen. Das ist aber nie passiert. Sie blieb ein leeres Kasko, bis der vorherige Eigner sie so ausgebaut hat, wie sie jetzt ist. Die *Freedom* ist der letzte KFK-Kutter der in Swinemünde von Stapel gelaufen ist. KFK-Kutter sind Teil unseres maritimen Erbes, ein Teil unserer Geschichte. Sie sind nämlich die ersten Serienbauten.

Auch der Haikutter *Annie von Glückstadt* (ehemals Lina, Anny von Hamburg?) durfte kein Traditionsschiff werden. Sie ist Schoner-getakelt und nach Riekes Auffassung superhistorisch. Weil aber Haikutter niemals als Rahsegler getakelt waren, bekam sie kein Zeugnis und fährt daher jetzt als Sonderfahrzeug und ist ein vollkommerzielles Schiff. Dabei ist sie eines der traditionellsten Traditionsschiffe, die wir haben, findet Rieke, aber in diesem Land kann sie kein Traditionsschiff sein. Auch über das Ausflaggen hat der Skipper für sein Schiff nachgedacht. Das haben einige gemacht. Das Ausland sei den Schiffen weit wohlgesonnener als wir selbst, meint er.

Für die *Andreas Gayk* gibt es bisher noch einen großen Freundesreis und sie machen in Marstal Stück für Stück weiter, eine Arbeit nach der andren. Aber sie brauchen eine ordentliche Portion Geld, um sie fertigzustellen. Rieke ist bisher noch guter Hoffnung, dass es weiter geht.

Traditionsschiffe werden in Deutschland nicht geschätzt

Von allen Schiffen, bei denen keine Hoffnung mehr bestand, hat er sich getrennt. Da war der Schlepper *Max* von 1931. Der ist in England für Dehning gebaut worden, war dort bis 2006 im Einsatz als Schlepper auf der Weser. Für den hatte Rieke ein Nutzungskonzept. Die Auflagen waren aber dann doch zu hoch. Es war nicht zu schaffen. Durch Glück hat jemand das Schiff als privates Sportboot gekauft und nutzt es als schwimmendes Ferienhaus. Der neue Eigner liebt *Max* so wie er ist. Rieke hatte ihn aus dem Schrott geholt und fahrbereit gemacht. Es tat ihm weh, ihn zu verkaufen. Es ist viel damit gefahren. Mit der *Sigandor* fährt man nicht raus zum Kaffeetrinken, sagt er, dafür ist sie ist zu groß. Aber es war Klasse, den Schlepper zu haben, um zu verholen oder mal schnell rauszufahren.

Max hatte Kraft und konnte was, und es gab eine große Gruppe, die bei dem Schlepper und dem Fahrgastschiff mitmachen wollte. Nachdem es sich abzeichnete, dass es nicht zu schaffen ist, sind die Leute nach und nach weggeblieben. Das Ziel war, kleine Tagesfahrten von einer Stunde auf der Förde zu machen. Der Schlepper ist ein Arbeitsgerät, kein Luxusdampfer, was gerade seinen Charme ausmachte. Dafür hätten sie aber eine neue Hauptmaschine einbauen müssen, die die neuen Abgasregeln erfüllt. Damit wäre er aber komplett verändert worden. Luftgekühlte Maschinen gibt es heute fast nicht mehr. Als Sportboot unter fünfzehn Meter darf der jetzige Eigner privat damit fahren, so wie er ist.

Sie wollten eigentlich noch viel mehr machen. Da waren so fünfzehn bis zwanzig Leute, die sich für Schiffen begeisterten, und sie wollten nicht nur den *Max* und die *Gayk* betreiben. Wir hätten auch gerne die *Atlas* gerettet. Das war ein Küstenmotorschiff oder Kümo, von 1961, bei Sitas gebaut. Sie gehörte zur ersten Baureihe nach dem Schiffbauverbot der Alliierten. Die *Atlas* galt als der schönste Kümo, der je gebaut wurde.

Das maritime Erbe verschwindet

Als Rieke zum ersten Mal darauf hingewiesen hat, was da alles an maritimen Schätzen verlorengeht, haben alle gelacht und gefragt, was er denn mit einem Kümo wolle. Such jetzt mal einen Kümo, sagt er. Die sind alle weg. Auch die *Atlas* ist leider verschrottet worden. Sie wäre ein schönes Beispiel gewesen, für den ersten Nachkriegsbau. Da gibt es noch viel mehr. Alte Kettenbagger, mit laufender Eimerkette an der Seite. Ich würde diese alten Schiffe und Geräte auch nicht als Traditionsschiff laufen lassen wollen. Sollen sie doch bleiben, was sie sind. Lass doch den Kümo so wie er ist in Fahrt bleiben. Auf solch einem Schiff könnten doch zwei oder drei Leute ihr Auskommen haben und ihr Brot verdienen und gleichzeitig unsere Kultur erhalten. Es wird in Deutschland immer so betont, dass eine Grenze zwischen kommerziellem Fahren und Gemeinnützigkeit bestehen muss. Das empfinde ich aber nicht als Gegensatz. Ein Schritt in die richtige Richtung ist es, dass zukünftig Traditionsschiffe auch Fracht fahren dürfen. Es gibt ja den Apfeltörn in Flensburg bei dem die Schiffe zwei Kisten Äpfel übernehmen und so verschiedene andere Veranstaltungen dieser Art. Eigentlich war die Teilnahme für Traditionsschiffe bisher immer illegal. Das Zeugnis hätte entzogen werden können, weil sie zum Spaß diese Apfelkisten mitnehmen und in Flensburg ausladen.

Es gibt eine Frau in Hamburg, die versucht einen Hafenkran zu erhalten. Sie hat nichts als Ärger, weiß Rieke. Sie wird von einer Hafenecke in die nächste geschickt. Der Kran kann aufgrund von Tiefgang nicht überall hin und hat keinen eigenen Antrieb. Es ist ein hoffnungsloses Unterfangen. Mit Navi habe ich kaum hingefunden. Da sieht es keiner, da kommt keiner dazu, der sagt: Mensch geile Idee. Lasst uns das aufbauen. So verlieren wir das alles. Die Hafenkräne verschwinden, die Kümos verschwinden, die Dampframmen, die Schaufelbagger. Niemand wertschätzt das.

Rieke hatte auch mal die Idee, einen Museumshafen in Eckenförde zu gründen. Als er Anfang der neunziger Jahre nach Eckernförde kam, war da nichts. Die Butterschiffe waren weg, der neue Yachthafen wurde aufgebaut. Eine Zeitlang waren dort achtzehn fahrende Traditionsschiffe und fünf die aufgebaut wurden. Da war ein Kommen und Gehen. Der ehemaligen Netzschuppen durfte genutzt werden. Da war das Rückgrat der Tradi-Flotte. Das hat viele Leute angezogen. Aber die Stadt hat das nicht unterstützt. Rieke erzählt von einem Tag der offenen Tür, den die Tradi-Leute zusammen mit der Touristik veranstaltet hatten. Es gab viel Werbung, Fernsehen und Zeitungen waren da. Es gab einen Schiffskorso bei dem Gäste gegen eine Spende mitfahren konnten. Die Schiffe fuhren auf die Förde mit Musikkapellenbegleitung und sind unter vollen Segeln wieder in den Hafen eingelaufen. Das wurde gut angenommen. Die Veranstaltung schlug in der Presse große Wellen. Allerdings hatten sie bis wenige Stunden vor Beginn der Veranstaltung noch keine Genehmigung von der Stadt erhalten. Es gab keine Genehmigung einen Grillwagen aufzustellen. Schiffe, die sie eingeladen hatten und die von außerhalb gekommen waren, sollten an diesem Tag kostenfrei im Stadthafen liegen können. Das hat nicht geklappt. Alles wurde schließlich aus Spenden bezahlt. Obendrein gab es dann noch eine Abmahnung der Stadt und es wurde untersagt, so eine Sache zu wiederholen. Jetzt ist das alles weg. Im Binnenhafen liegen noch ein paar Schiffe, aber ansonsten ist der Hafen tot, bedauert Rieke.

Wie es mit *Sigandor* weitergehen wird, weiß der Eigner nicht. Wir sind sehr schlecht gebucht, weil der Markt gerade zusammenbricht, erläutert er ernüchtert. Selbst *Kieler Woche* und *Hanse Sail* sind sehr dürftig gebucht. Nicht nur bei mir, sondern bei allen Schiffen. Vielleicht macht er irgendwann ganz was anderes, sinniert er. Er habe auch mal kurz auf einer Yacht angeheuert, sagt er, aber das war nicht so seins.

Das Bauen war immer ganz wichtig
Arne

Von klein auf kannte Arne nur eine Leidenschaft. Er wollte ein Schiff haben und darauf wohnen. Und er wollte damit reisen, keine kurzen Tagestörns, sondern unterwegs sein, an Bord leben. Das Boot sollte sein Haus sein, sein Arbeitsplatz, sein mobiles Heim. Beinahe noch mehr als das Segeln, faszinierten ihn aber immer das Entwerfen, die Konstruktion und das Bauen von Schiffen, das Durchziehen ungewöhnlicher Projekte. Er hat bisher drei große Schiffe selbst gebaut. Er hat eine Firma gegründet, die spezielle dänische Fenster verkauft und ist einer der Initiatoren eines Wohnprojektes, in dem er seit 30 Jahren lebt und wo er vor kurzem ein Haus gebaut hat.

Arne ist in Kiel und Eckernförde aufgewachsen und lebt auch heute noch in der Region. Der Heimathafen seiner Schiffe ist der Museumshafen in Kappeln. Sein persönlicher ist das Ökohaus, das er sich gerade erst gebaut hat. Das Haus ist ihm inzwischen genauso wichtig, wie die Schiffe und das Segeln. Er ist inzwischen auch gerne an Land. Wir sitzen in seinem

181

Wohnzimmer mit Blick in den Wintergarten, genießen die Abendsonne, trinken Tee und unterhalten uns über die alten Zeiten.

Schon im Alter von zwölf Jahren hatte er diese Idee ganz auf einem Schiff zu leben. Dieses Schiff sollte eine vernünftige Größe haben, damit es wirklich Lebensraum bietet. Das war schon ein sehr konkreter Traum. Eigentlich war es mehr als ein Traum, es war schon damals ein Plan, sagt Arne.

Als er dann endlich dazu kam, so etwas zu verwirklichen, erzählt er, da war er Anfang zwanzig. Er hatte kein Geld aber handwerkliche Fähigkeiten und keine Angst vor nichts, wie er sagt. Er stellte sich vor, dass es einfacher sei ein Traditionsschiff zu bauen als eine Yacht in derselben Größe. Eine Yacht hätte er von seinen Fähigkeiten her und von dem Geld, das er hatte, gar nicht verwirklichen können, meint er.

Er arbeitete mit Begeisterung in Zimmereien und Tischlereien, machte aber nie eine Lehre, sondern begann Architektur zu studieren. Das Studium zog sich über 28 Semester in die Länge, weil der Bau des ersten Schiffes, *Maria af von Hoff*, dazwischenkam. Ab dem sechsten oder siebten Semester war das Schiff wichtiger als das Studium.

Er wollte einen traditionellen Ewer mit kaum Tiefgang bauen. Plattbodenschiffe mit ihren Seitenschwertern fand er faszinierend. Mit seinem damals noch laienhaften Wissen dachte er, dass man sich beim Bau eine ganze Menge Schiff spart, weil es keinen Kiel hat und daher unter Wasser fast nichts ist. Man braucht weniger Material, also kostet es weniger und ist einfacher zu bauen. Alles bleibt niedriger, man kann überall anfassen und rankommen. Man schleppt weniger Gewicht mit, wenn man segelt.

Er war auch der Meinung, dass das Schiff relativ schnell sein würde, weil es ohne Kielgewicht viel leicht wäre als ein Kielschiff vergleichbarer Größe, fast wie eine Jolle. *Maria* wog, als sie fertig war, 50 Tonnen. Sie war 19 Meter lang und sechs Meter breit, hatte aber nur einen Meter Tiefgang. Das gleiche Schiff, als tiefgehendes Kielschiff mit Ballast-Anteil, hätte mindestens 80 Tonnen oder mehr gewogen. Wenn man sich umguckt bei Schiffen, die ungefähr die gleiche Größe haben, sagt Arne, wiegen die auch schon mal 100 Tonnen.

Einen Ewer zu bauen war an der Norddeutschen Küste naheliegend. Ewer waren dort früher übliche Frachtsegler. Arne hatte den historischen Ewer besichtigt, der in Dänemark, in Ribe, im Kanal liegt. Dass er schließlich auf *Maria* kam lag daran, dass er damals in München studierte. Dort gibt es das Deutsche Museum, wo das Original der *Maria* aufgebaut ist, halb aufgeschnitten, sodass man hineingucken kann. *Maria* war ein Finkenwerder Seefischewer, der seinen Weg in das Museum gefunden hatte. Die Museumsleute hatten das Schiff neu gezeichnet, weil es für den Transport aus Hamburg zerlegt werden musste. Viele Details waren sehr genau gezeichnet und dokumentiert worden. Der Architekturstudent ging also ins Deutsche Museum und fragte, ob er Zeichnungen und Pläne des Schiffes bekommen könne.

Als er die Pläne für den Preis der Kopierkosten in der Hand hielt, legte er kurzentschlossen mit dem Bauen los. Von den 2000 Mark, die er besaß, kaufte er ein paar Bäume und zog mit der Säge in den Wald, um sie zu fällen.

Eigentlich ist die Geschichte aber noch ein bisschen länger, denn *Maria* war nicht wirklich sein erstes Schiff. Vorher war er schon mal stolzer Eigner einiger kleiner Kajütboote. Jolle segeln war nie sein Ding. Angefangen hat alles damit, dass sein Vater ein altes, völlig vergammeltes Holzboot an Land geholt hat. Der Vater war Seemann und fuhr auf kleineren familiengeführten Schiffen zur See. Meistens waren es Holztransporte aus Skandinavien. Da gab es jeweils einen Kapitän, einen Maschinisten und einen Steuermann und manchmal durften Familienangehörige mitfahren. Die ersten fünf Jahre seines Lebens waren Arne und seine Mutter häufig mit dem Vater unterwegs. Arne war sehr seefest und interessierte sich von Anfang an für die Schiffe. An viele Kleinigkeiten und Details erinnert er sich heute noch. Diese Zeit war ein herrlicher Traum für den Kleinen, der aber plötzlich endete, als er zur Schule kam. Der Vater nahm einen Job an Land an, um mehr für die Erziehung seines Sohnes da sein zu können und aufzupassen, dass etwas aus ihm wird, erzählt Arne.

Aber ein Seemann braucht eben doch ein Boot, und so kaufte der Vater ein Segelboot für ganz wenig Geld. Eigentlich war es ein Wrack, erinnert sich Arne. Das Boot war wie ein Sieb und die beiden gerieten gleich in Seenot, konnten aber gerade noch vom Seenotretter in den sicheren Hafen geschleppt werden. Das Boot wurde abgetakelt, alles was rott war herausgerissen, bis auf jeder Seite nur noch ein paar wackelige Planken übrig blieben. Den Heckspiegel hatten sie rausgeschnitten, schließlich auch den Steven. Im Grunde war das Ganze ein Schrotthaufen, meint Arne. Aber die Zeiten waren eben anders. Es war kein Geld für ein besseres Boot da und vielleicht wollte der Vater auch einfach nicht wahrhaben, dass er sich verkauft hatte.

Aber er hatte Biss, erinnert sich Arne bewundernd. Papa hat das Boot wieder hinbekommen und es ist quasi ein neues Segelbötchen draus geworden, 6,5 Meter lang, mit Kajüte und mit allem Drum und Dran. Im Prinzip war das ein Neubau. Es war bestimmt das einzige Schiff in dieser Größe auf der ganzen Ostsee mit einem Klo, meint Arne. Da konnte man auf dem Vordeck die Luke aufmachen und darunter war eine hölzerne Sitzbank mit einem Loch drin. Unter das Loch stellte man eine Pütz und dann saß man da. Oben guckte man aus der Luke und konnte mit den Leuten im Hafen schnacken während man sein Ding machte und keiner das mitgekriegt hat.

Als das Boot fertig war, hatte der Vater kaum noch Zeit zum Segeln. Für seinen neuen Beruf machte er Fernlehrgänge und Weiterbildung. Der Sohn war inzwischen vierzehn und hatte auf diese Weise das Boot für sich allein. Für das Boot machte Arne alles. Da er einen kleinen Motor einbauen wollte und ein größeres Segel brauchte, damit es schneller wird, musste er Geld verdienen. Er trug Zeitungen und Lebensmittel aus und alles, was seinem Ziel diente. Er durfte zwar alleine damit segeln, aber nur auf der Schlei, schränkte der Vater mit erhobenem Zeigefinger ein. Natürlich hielt er sich nicht so ganz daran. Mit einem Kumpel, der ein Jahr älter war, machte er einen kleinen Ausflug auf die Ostsee. Die erste Postkarte schrieben sie aus Kopenhagen.

Spätestes da hat es mich voll erwischt, das mit den Booten, gesteht Arne. Die Seefahrt hatte ihn schon als Kleinkind begeistert, aber mit diesem Boot wuchsen der Wunsch und der Plan vom Leben an Bord.

Erster Anlauf – ein Fischkutter aus Kappeln

Den ersten Versuch, das zu verwirklichen machte er mit seinem Kumpel Wulfi. Der besaß eine alte Yacht. Das war ein 75er Nationaler Kreuzer. Die beiden hatten den gleichen Traum. Sie wollten einen großen Kutter haben. Und dieser Traum sollte dann auch zügig in die Realität umgesetzt werden. Zunächst wurde ein alter Renault R4 fahrtüchtig gemacht mit dem sie sich auf die Suche machten. Die Tour ging bis Agadir in Marokko und einmal ums Mittelmeer herum. In la Rochelle stießen sie auf eine Aluminiumyacht, die dort seit Jahren im Hafen lag und irgendwelchen Amerikanern gehörte. Aber die Zwei merkten, dass das eigentlich nicht das war, was sie wollten.

Enttäuscht fuhren sie wieder Richtung Norden. Sie waren frustriert, weil sie eine halbe Weltreise gemacht hatten und ihrem Ziel nicht nähergekommen waren. Auf dem Rückweg legten sie in Hamburg eine Pause ein und stolperten mehr zufällig in das Büro eines Schiffmaklers. Der hatte einen Fischkutter im Angebot. Auf dem Foto erkannten die Freunde sofort, dass das Schiff im Kappelner Hafen lag. Also behaupteten sie, nichts gefunden zu haben, was sie interessierte, fuhren schnurstracks nach Kappeln, machten diesen Kutter ausfindig und kauften ihn für 20.000 Mark. Das war damals, Anfang der 1970er Jahre, verdammt viel Geld. Sie liehen es sich bei Freunden zusammen, gingen mit einer Plastiktüte voller Scheine zum Fischer, bezahlten und nahmen den Kutter mit. Es war ein Fischkutter, wie sie in Kappeln heute noch liegen, meint Arne. Er war 1953 gebaut und also damals noch nicht so besonders alt. Aber er war doch ziemlich runtergewirtschaftet.

Immerhin war eine Radar-Anlage an Bord, die sie teuer verkaufen konnten. Dadurch waren sie in der Lage einen großen Teil der Schulden ziemlich schnell wieder zurückzuzahlen. Und dann hatten wir dieses Ding am Hals, erinnert sich Arne. Es stellte sich heraus, dass die Maschine Schrott war. Aber erstmal haben sie Freunde mit deren Kindern und alle möglichen Bekannten zu einem Törn eingeladen. Unterwegs ist die Maschine ausgefallen. Aber es hat trotzdem Spaß gemacht, und das war das Wichtigste.

Zum Ausbauen brachten sie den Kutter nach Achterwehr auf der Eider. Damals war die Eider noch bis dorthin schiffbar, heute ist das nicht mehr möglich. Sie kauften Tischlereimaschinen aus einem aufgegebenen Betrieb für 2000 Mark. Das waren uralte Maschinen von 1920, die aber noch funktionierten. Der Tischler war schon vor längerer Zeit gestorben und die Nachkommen waren froh alles loszuwerden und haben es zum Schrottwert verkauft. Damit begannen sie den Kutter umzubauen.

Arne studierte noch in München und Wulfi machte sich weitgehend allein an die Arbeit. Kurze Zeit später verkaufte er seine 75er-Segeljolle für ziemlich viel Geld. Plötzlich war er der Reiche in der kleinen Gemeinschaft. Beides führte zu Auseinandersetzungen. Obwohl Arne bereits in den Startlöchern war, um in den Norden umzusiedeln und in Eckernförde weiter zu studieren, war die Sache nicht mehr zu retten. Für das gemeinsame Projekt und die Freundschaft war es zu spät.

Zweiter Anlauf – *Maria af von Hoff*

Das Boot und die halbe Tischlerei übernahm Wulfi. Arne wusste erst mal nicht so recht, was er mit seiner Tischlereihälfte anstellen sollte. Als er dann eines Tages gefragt wurde, ob er für das Restaurant Beckmanns Gasthof, das neben dem Kutterbauplatz lag, und das es heute noch gibt, ein paar neue Fenster bauen könne, sagte er sofort ja. Es schien eine gute Gelegenheit etwas Geld zu verdienen. So baute er Sprossenfenster mit Rundbögen. Das Restaurant war ein beliebter Stopp für viele Hamburger, die sich im Norden alte Katen und Bauernhöfe kauften. Die haben diese Fenster gesehen und waren überwältigt, weil so etwas damals nirgends zu kriegen war. Es gab nur moderne Industriefenster ohne Sprossen mit dicken Rahmen. Plötzlich hatte Arne ganz viele Aufträge, die er nicht alleine bewältigen konnte. Er fand in Dänemark eine kleine Fabrik, die die schönsten und besten dänischen Fenster herstellte, die genau die richtigen für die Häuser in Dithmarschen und an der Schlei waren.

Das Geschäft mit den Fenstern schlug ein wie eine Bombe, erinnert Arne sich. Zu dem Zeitpunkt hatte er sich schon entschlossen ein eigenes Schiff zu bauen. Da er jetzt in kurzer Zeit viel Geld verdiente, beauftragte er die Werft Dawartz in Tönning mit dem Bau des Schiffsrumpfes. Für die Plankenhölzer kaufte Arne gut abgelagertes Holz. Das Spantenholz musste aber nicht abgelagert sein, die Decksbalken auch nicht. Die Bäume dafür standen im Wald. Er musste sie nur fällen.

Mit der Bäumefällerei war so eine Sache, meint er. Schon als er noch in München studiert hatte, war er in den Wäldern herumgelaufen und hatte sich Bäume ausgesucht. An einem Fischteich entdeckte er zwei Stämme, die ihm besonders gut gefielen. Beide hatten eine wunderschöne, krumm geneigte Form. Der eine war komplett tot, schon ganz silbern und hatte keine Rinde mehr, der andere fing an zu sterben. Mit der Anlage der Fischteiche war ihnen das Wasser abgegraben worden. In diesen beiden Bäumen sah er sofort seine Decksbalken. Er fand heraus, wem sie gehörten und fragte, ob er sie kaufen könne. Der Eigentümer meinte, die müssten sowieso weg, weil sie vergammelt seien. Aber sie hatten innen schönes, honiggelbes Holz und waren genau das, was Arne für den Schiffsbau suchte.

Die Bäume mussten nun aber noch in den Norden kommen. Also machte er eine Spedition ausfindig, die dort unten etwas ausliefern sollte und auf dem Rückweg die Bäume mitnehmen konnte. Es war ein Holztransporter, der in Schleswig-Holstein billiges Kiefernholz eingesammelt hatte und damit nach Bayern fahren wollte. Arne kletterte in aller Herrgottsfrühe in Rendsburg auf den Laster, fuhr mit bis München, half bei der Auslieferung der Waren und auf dem Rückweg wurden seine Bäume aufgeladen. Die ließ er dann in einem alten Sägewerk aufsägen und transportierte sie nach Tönning.

Für den Bau mussten 4000 Nägel geschmiedet und 2000 Bolzen gedreht werden. Das Schiff sollte in Niro genagelt werden, da der Rumpf aus Eichenholz gebaut wurde. Eiche hat sehr viel Säure und frisst Eisen und selbst Verzinkungen ganz schnell weg. Also braucht man Niro-Material. Nägel sind im Schiffbau etwas anderes, als was man sonst darunter versteht. Es sind Stumpfbolzen. Arne kaufte Stangenmaterial und schnitt es auf Länge, baute sich eine Matrize, aus der die Stangen oben etwas rausguckten. Die Stangenenden wurden mit dem Brenner heiß gemacht und die Köpfe platt gehauen. Unten wurden sie angespitzt und so ins Holz geschlagen.

Der Bau des Schiffsrumpfes ging Stück für Stück voran. Immer wenn er mit den Fenstern etwas Geld verdient hatte, wurde weitergebaut. Dawartz sagte Bescheid, wenn das Geld alle war, und Arne musste nachschießen, sobald er wieder etwas angespart hatte. Insgesamt waren es schließlich 60.000Mark und das war in der kurzen Zeit viel Geld.

Mit dem Motor hatte er Glück. Für 500 Mark fand er einen alten Mercedes-Motor mit allen möglichen Teilen dran. Der Werftbesitzer hat sich über den Eisenklumpen kaputtgelacht. Was willst du denn damit, fragte er. Arne meinte, er solle sich lieber um die Holzarbeiten kümmern. Das mit der Maschine würde er schon selbst machen. Er weiß noch genau, wie das war. Mit seinem Freund Onkel bohrte er das Stevenrohr. Sie mussten durch einen Meter massive Eiche hindurch bohren und auf der anderen Seit genau an der richtigen Stelle herauskommen. Dawartz gab ihnen den stumpfesten Bohrer, den er hatte und machte sich lustig über die beiden jungen Männer.

Der Bohrer wurde am Schleifstein scharf gemacht. Da staunte der Werftchef zum ersten Mal. Mit einer Bügelsäge wurde gepeilt, wie sie den Bohrer halten müssten. Dann bauten sie sich einen kleinen Bock auf den sie den Bohrer aufgelegen konnten, damit er eine gute Führung bekam. Gebohrt wurde mit der Hand und das Loch wurde perfekt. Innerhalb von nur einem Tag bauten die beiden anschießend die Maschine in das große Schiff ein, am nächsten Tag war Stapellauf und los ging es. Alles klappte wie am Schnürchen. Da hat Dawartz gar nichts mehr gesagt, freut sich Arne noch heute.

Der Stapellauf fand 1981 statt. Aber es war nur der Rumpf fertig. Es fehlte noch ziemlich viel: Deck, Masten, Aufbauten, Inneneinrichtung. So kamen schließlich zehn Jahre zusammen bis *Maria af von Hoff* wirklich fertig war. Aber gesegelt ist Arne schon viel früher, sobald das Rigg stand und Segel dran waren.

Liegeplatzsuche

Nach dem Stapellauf brauchte er einen Liegeplatz für *Maria*. Er wohnte inzwischen in der Nähe von Sieseby an der Schlei. Ein paar Freunde und er hatten beschlossen ein Wohnprojekt zu gründen. Es war Zufall, dass sie bei ihrer Suche nach einem Platz dafür genau an der Schlei auf die geeigneten Häuser stießen. Das war 1983.

Das Schiff gegenüber lag dann in der Schlei vor Anker, in einem kleinen Naturhafen nahe der Eisenbahnbrücke. *Maria* kannte noch niemand. Dawartz hatte nie viele Informationen von sich gegeben, wenn er gefragt wurde, wer sich da so ein Schiff bauen lässt. Das ist so ein verrückter Student, war seine Antwort. Mehr hat er nicht erzählt. Keiner wusste wer dieses Schiff baute. Aber alle kamen schon mal gucken. Das Bauprojekt hatte sich natürlich rumgesprochen. Mit der ganzen Szene von Leuten, die sich alte Schiffe aufmöbelten, mit der hatte Arne aber gar nichts zu tun. Irgendwann segelte er mal zur Rumregatta nach Flensburg und lernte dort alle möglichen Schiffenthusiasten kennen. Einer davon überredete ihn nach Kappeln an die Nestlé-Pier zu kommen, weil dort ein Museumshafenverein gegründet werden sollte. Mit Vereinsmeierei, wie er es nannte, hatte Arne nichts am Hut, stimmte schließlich aber doch zu nach Kappeln zu kommen. Seine Bedingung war, dass er nichts mit dem Verein zu tun haben würde. Das muss so wenig wie möglich von einem Verein sein, sonst wird das mit mir nix, erklärte er. In Kappeln lagen schon ein paar Schiffe, aber alles war noch in den Anfängen. Als er dort ankam, wurde er zum aktiven Mitbegründer des Museumshafenvereins.

Neues Schiff, neues Glück - Rollo

Zur gleichen Zeit hatte sein Kumpel Werner einen Beton-Colin-Archer auf Stapel gelegt. Das war *Rollo*. In der ganzen Selbstbauphase haben sie sich gegenseitig geholfen. Arne zimmerte die Holzaufbauten für Werners Schiff und baute die Holzmasten. Werner erledigte für *Maria* die Metallarbeiten, weil er Fachmann dafür war. Deshalb hatte Werner sich auch entschlossen ein Betonboot zu bauen, denn dafür wird zunächst ein Metallgerüst aus Draht gebogen, so eine Art Käfig. In dieses Drahtgeflecht wird der Beton eingerieben. Die Hauptarbeit ist das Erstellen des Metallgerüstes. Das kann mit sehr einfachen Mitteln gemacht werden, ohne große Walzen und Maschinen. So war es viel einfacher als ein Stahlschiff zu bauen.

Werner hat dann fünfzehn Jahre an *Rollo* gearbeitet, ist aber nie fertig geworden. Arne segelte währenddessen schon längst mit seiner *Maria*. Nachdem er fünf Jahre mit ihr unterwegs gewesen war, merkte er, dass seine Träume nicht so ganz in Erfüllung gegangen waren. Er war nicht um die Welt gesegelt, nicht einmal aus der Ostsee hinausgekommen. Seine damalige Frau war Weberin. Er hatte vorgehabt, für sie an Bord einen Webstuhl einzubauen und für sich selbst eine Hobelbank. Sie wollten mit Handwerksarbeit ihren Lebensunterhalt verdienen, um die Welt reisen und an Bord Kinder großziehen.

Das hat aber leider nicht funktioniert, weil die Ehe nicht funktioniert hat, erklärt er rückblickend. Als die Tochter geboren wurde, wollte seine Frau nicht mehr auf dem Schiff leben. Heute könne er sich vorstellen, was in einer werdenden Mutter vorgeht, meint er. Aber damals, mit fünfundzwanzig Jahren und seiner Hitzköpfigkeit, hat er sich von ihr verraten und mit den Träumen allein gelassen gefühlt.

Arne machte allein weiter. Und da *Maria* doch ein ziemlich großes Schiff war, das sich nicht wirklich dafür eignete alleine damit zu segeln, begann er Gruppen-Charter zu fahren. Es ging ihm nicht in erster Linie darum Geld zu verdienen, da seine Fensterfirma gut lief und genug abwarf. Aber er wollte segeln und dafür musste eine Crew her. Was aus der Not entstanden war, machte ihm dann aber auch viel Spaß und er freute sich immer wieder neue und ganz unterschiedliche Menschen als Mitsegler an Bord zu haben.

Er erinnere sich noch ganz besonders an eine Gruppe aus erwachsenen Pfadfindern aus Frankfurt, erzählt er. Die haben im Erwachsenenalter immer noch jedes Jahr was zusammen unternommen. Auf die Reise mit *Maria* hatten sie sich ein Jahr lang intensiv vorbereitet. Einige haben Sportbootführerscheine gemacht. Einer war Schlachter, der hat Konserven selber hergestellt. Der andere war in der Medienwelt und wollte dort eine Karriere machen. Der besaß eine halbprofessionelle Kameraausrüstung und hat einen Film über die Reise gedreht. Diese jungen Leute hatten so eine Begeisterung, dass Arne sie bis heute nicht vergessen hat. Es wurde eine wunderschöne Reise. Sie waren vier Wochen unterwegs. Es war ein absolut abgehobener Törn vom ersten bis zum letzten Tag, erinnert sich Arne.

Die Charterei machte er fünf Jahre. Es lief wunderbar, da Arne mittlerweile einen Partner in der Firma hatte. Arne segelte im Sommer auf *Maria* und sein Partner unternahm im Winter lange Reisen nach Afrika.

Mit der Zeit wurde Arne aber klar, dass das Chartern nicht auf festen Beinen steht. Es gab keinerlei Richtlinien, aber er spürte, dass sich das ändern würde. Er hatte das Gefühl, dass es eine halblegale Geschichte sei, die keine Zukunft hat und er wollte sein Leben nicht darauf aufbauen.

Außerdem begann er seine aufstrebende Firma ernster zu nehmen und mehr Arbeit und Zeit zu investieren. Das Segeln sollte wieder mehr in den privaten Bereich verlagert werden, obwohl ihm das Chartern bis zum letzten Tag immer noch viel Spaß machte. Es sei keine Reise dabei gewesen, die schlecht war, sagt er. Er lernte viele interessante Menschen kennen, die er im normalen Leben nie getroffen hätte. Er fuhr mit dem Jugendaufbauwerk Kiel mit schwierigen Jugendlichen, es kamen Manager aus den Chefetagen großer Konzerne an Bord. Der Direktor von Krupp war mal mit und stand die ganze Zeit an der Pinne. Er wollte da überhaupt mehr weg und freute sich über die einfache Erbsensuppe. Den anderen Kram habe ich jeden Tag, meinte der Manager. Aber so etwas wie hier an Bord, hatte ich noch nie.

Das Schiff holte die Menschen zusammen und brachte alle auf eine Ebene, auch wenn in einer Gruppe ganz unterschiedliche Kräfte vorhanden waren, beschreibt Arne die Situation an Bord. Das ist gerade bei diesen schwierigen Jugendlichen so deutlich geworden. Da gab es die Rabauken, und auch die, auf denen immer auf irgendeine Art herumgetrampelt worden war. Aber auf diesen Törns seien sie alle zusammengewachsen. Die von oben kamen ein Stück herunter und die von unten ein Stück hoch. So habe ich das empfunden, sagt er. Er findet, dass er durch die Beschäftigung mit all diesen Charakteren toleranter geworden sei. Man kann diese Chartertörns sowieso nur machen, meint er, wenn man grundsätzlich positiv eingestellt ist. Er hat in der Lebensphase, als er bereits beschlossen hatte, nicht mehr Charter zu fahren, auch andere Skipper auf *Maria* gehabt und er spürte, dass viele nur in der Lage waren gut zurecht zu kommen, wenn ihnen die Mitsegler sympathisch waren. Aber das geht nicht, erklärt er. Man muss immer alle mitnehmen und darf niemanden zurückweisen.

Maria war eine Nummer zu groß für einen Menschen alleine, gesteht Arne sich schließlich ein. Alles erforderte viel Kraft. Beim Segel setzen oder Schoten ziehen musste man zusammenarbeiten. Arne wollte natürlich ab und zu auch gerne seine Kraft zur Schau stellen und hat mal das Großsegel alleine hochgezogen, wenn da drei Jungs drangehangen haben und es nicht schafften. Oder wenn fünf an der Fockschot gezogen haben und sie nicht dicht bekamen. Dann sagte er, geht mal zur Seite und lasst mich das machen. Aber in schwierigen Situationen, wenn einem die Segel um die Ohren ballern, dann schafft man das nicht mehr, erkannte er. Genau das bringt aber die Leute zusammen, wenn sie merken, dass sie sich gegenseitig helfen und sich unterstützen müssen. Das war für Arne das Besondere an dieser Art zu segeln.

Innerlich hat er sich längst ganz langsam von dem großen Schiff und der Charterei verabschiedet. Und dann kam eines Abends plötzlich ein Anruf von Betonboot-Werner, der in den ganzen Jahren mit *Rollo* nicht so richtig vorangekommen war. Er sagte, Arne, wenn du jemanden weißt, der mir das Geld gibt, das ich in das Schiff reingesteckt habe, dann vergesse ich meine 15 Jahre Arbeit. Ich habe zwei Ehen verschlissen und die dritte möchte ich gerne behalten. Meine Frau will Haus und Kinder und das Schiff soll weg.

Eine Nacht lang musste Arne darüber nachdenken, aber am nächsten Tag rief er Werner an. Ich mach das, sagte er. Das war 1995. Werner war froh, dass das Schiff in seiner Nähe blieb, er sehen konnte, wie es fertig wird und er die Möglichkeit bekam auch mal mitzusegeln. Drei Jahre Arbeit hat Arne noch in *Rollo* investiert ehe sie segelte. *Maria* wurde verkauft. Eine Gruppe von Freunden übernahm sie und bezahlte den Kaufpreis über viele Jahre in Raten ab. Natürlich bekommt man niemals alles wieder raus, was man reingesteckt hat, weiß Arne. Aber er findet, dass er insgesamt noch Glück hatte. Denn das Geld reichte, um *Rollo* zu kaufen und sie fertig zu bauen.

Rollo war ein fünfzehn Meter langer gaffelgetakelter Spitzgatter mit Groß- und Besanmast, gebaut nach einem Riss des norwegischen Konstrukteurs Colin Archer. Es war ein sehr traditionelles Schiff mit viel Holz an und unter Deck. Was ihm besonders gefiel, war die Tatsache, dass *Rollo* alleine segeln konnte, zwar mit Mühe, aber es ging. Das Schiff hatte eine Selbststeueranlage, Winschen für die Fock und für die Klüverschoten und war damit technisch wesentlich besser ausgestattet als *Maria*. Aber die Fallen musste man immer noch mit der Hand ziehen und die Reffs ins Großsegel binden. Wenn er alleine unterwegs sein wollte, setzte das voraus sehr umsichtig und vorausschauend zu sein. Aber es war ja nicht sein Ziel alleine damit zu segeln. Er war nach wie vor von vielen Leuten umgeben und machte in den kommenden Jahren weite Reisen mit *Rollo*. Es ging nach Polen, Schottland, auf die Färöer, zu den Kanarischen Inseln und über die Azoren wieder nach Hause. Eigentlich hatte er vor, das Schiff eine Weile am Mittelmeer liegen zu lassen und ab und zu hinzufliegen und zu segeln. Daraus wurde dann aber nichts.

Anfangs, als Werner *Rollo* baute und Arne *Maria*, da lagen für ihn Welten zwischen den beiden Booten. Arne mochte keine Spitzgatter. Ein Schiff muss ein Spiegelheck haben, war seine Devise. Außerdem war ihm das Material zunächst doch suspekt. Aus Beton baut man doch keine Schiffe, dachte er. Und es war eben eher eine Yacht. Aber als er sie dann segelte, gefiel sie ihm immer besser und er fand sie sogar schön.

Noch ein Schiff wird gebaut - *Ly*

Eines Tages, nachdem er etliche Jahre mit *Rollo* gesegelt war, beschloss er, doch endlich eine richtig lange Reise zu machen. Die richtig lange Reise sollte ihn über den Atlantik und vielleicht einmal um den Erdball führen. Diesen Traum hatte er immer noch, auch wenn er das mit zwei großen Schiffen bis dahin nicht so richtig hinbekommen hatte. Mal lag es am Schiff, mal an all den vielen anderen Projekten, die so nebenher auch noch wichtig waren. Mit *Rollo* klappte es nicht, weil zu der Zeit gerade das Wohnprojekt richtig anlief und die Arbeit in der Fensterfirma immer wichtiger geworden war, denn die kleine Firma hatte sich inzwischen zu einem nennenswerten Unternehmen entwickelt.

2007 fiel Schließlich die Entscheidung endlich das richtige Schiff für die Verwirklichung seines Traumes zu bauen. Eigentlich habe er das genauso kurz entschlossen gemacht, wie den Bau von *Maria* oder den Kauf von *Rollo*, findet Arne rückblickend. Der Gedanke kam ihm in den Kopf und er hat es gemacht. Zack! Es ist wichtig, dass man es in sich spürt, dass etwas richtig ist und dann muss man es auch machen, meint er. Das neue Projekt war ein Katamaran aus Aluminium, fünfzehn Meter lang und neun Meter breit.

Im Grunde ist es so, dass der Katamaran, den ich mir jetzt gebaut habe, nur auf den ersten Blick diametral anders ist als die anderen beiden Schiffe, findet er. Es ist kein Traditionsschiff, es gibt kein Holz an Deck. Auf den zweiten Blick seien da aber viele Gemeinsamkeiten. Die ursprüngliche Idee eines Schiffes ohne Ballast, mit sehr geringem Tiefgang, das nur über seine Form stabil ist, die steckt in dem Katamaran nach Arnes Meinung auch wieder drin. Und tatsächlich haben ihn Katamarane auch schon fasziniert, als er noch dabei war *Maria* zu bauen. Er besitzt sogar noch einen alten Ordner aus dieser Zeit mit Unterlagen über Katamarane, die er damals gesammelt hat.

Eigentlich hat sich für ihn damit der Kreis geschlossen. Was den Bau des Katamarans grundlegend von den früheren Schiffsprojekten unterscheidet ist die Tatsache, dass er inzwischen finanziell viel besser ausgestattet war, und sich das Projekt leisten konnte. Er kann sich nicht vorstellen, dass jemand solch ein Boot, wie er es jetzt verwirklicht hat, über viele Jahre hin mit wenig Geld vor sich hin baut. Schon das Anfangskapital für das Material für die Rümpfe muss da sein. Das kann man nicht stückweise machen, immer wenn man Geld hat, mal wieder eine Blechplatte kaufen. Das geht irgendwie nicht, ist er überzeugt.

Aber vom Grundgedanken her hat sich der Kreis tatsächlich wieder geschlossen. Großes Deck, wenig Tiefgang, Formstabilität, kein unnützes Gewicht. Diese Aspekte sind alle wieder da. Was sich geändert hat ist nicht nur die Größe. Es ist auch das Material. Holz in unseren Breiten so zu pflegen, dass es nicht kaputt geht und schön aussieht, das macht ungeheuer viel Arbeit, konstatiert der Bauherr. Die Masten, die Aufbauten, die Decksfugen, alles. Das bleibt an den Eigentümern hängen oder man gibt es einer Werft in Auftrag und dann kostet es wahnsinnig viel Geld. Das

Verhältnis zwischen Arbeit und Spaß, Lebensfreude und Nutzen war für ihn, wenn er zurückdenkt, sowohl bei *Maria* als auch bei *Rollo* nicht so richtig im Gleichgewicht. Es war unverhältnismäßig viel Aufwand die Schiffe in einem guten Zustand zu halten. *Rollo* sieht jedes Frühjahr fast wieder aus wie neu, aber es sind extrem viele Arbeitsstunden die da reingehen, sagt er. Bei den großen Vereinen, die Traditionsschiffe betreiben, klappt das vielleicht, wenn genügend Vereinsmitglieder mithelfen. Aber auch da ist es schwierig. Es sind immer nur einige, die wirklich arbeiten.

Er hatte jedenfalls langsam die Nase voll von der vielen Arbeit und wollte ein Material nutzen, das man auch mal sich selbst überlassen konnte. Möglichst wenig Farbe, wenig Holz. So kam er auf Aluminium. Stahl kam für ihn nicht in Frage, denn da kommt man seiner Meinung nach schnell nicht mehr gegen den Rost an. Da muss man sich nur auf den Schiffen umsehen, erklärt er, die Eigner sind ewig am Malen. Er wollte das nicht mehr. Der zweite Grund war seine Idee ein Leben über der Wasserlinie zu führen. Ich wollte diesen großen Salon haben, der über dem Wasser schwebt, mit großen Fenstern, wie ein Wintergarten. Ich wollte mehr Komfort und Technik, damit ich noch mehr das Gefühl bekomme in einem Haus zu leben. Das waren die Gründe warum ich mich entschieden habe diesen Katamaran zu bauen.

Die große Reise

Mit *Ly* ist er sofort, nachdem sie fertig war, auf seine große Reise gegangen. Knapp vier Jahre war er unterwegs mit seinem Traumschiff. Es ging zu den Kanaren, den Kapverden und in die Karibik. Von Kuba aus macht er sich schließlich wieder auf den Heimweg. Dass er wieder zurück wollte, war ihm schon beim Start klar. Meine Wurzeln sind in Schleswig-Holstein, in meinem Wohnprojekt und bei meinen Freunden, das ist für Arne klar. Es sind doch die Menschen, die in meinem Leben das Wichtigste sind, sagt er. So schön auch viele Orte auf der Welt sein mögen, so wichtig sind ihm die Menschen, mit denen er hier in Schleswig-Holstein zusammenlebt und seine vielen Freunde. Das Wohnprojekt besteht jetzt schon seit vierzig Jahren und immer noch sind acht oder neun Leute aus der Gründungszeit dabei. Viele andere sind dazugekommen. Hier leben jetzt zwanzig Erwachsene in sieben Häusern. Mit sechzehn Personen fing es an. Das hat so eine Nähe und so ein Gewicht für mich, dass ich der Versuchung, in den Pazifik oder um die ganze Welt zu segeln, nicht erlegen bin, erklärt Arne. Denn das hätte für ihn bedeutet mindestens zehn Jahre unterwegs zu sein. Er kann sich nicht vorstellen, in einem Jahr oder ein paar Jahren um die Welt zu hetzten, nur um sagen zu können, ich bin auch um die Welt gesegelt. Wenn man aber zehn Jahre weg ist, dann ist man nirgends mehr zu Hause, findet er. Dann kann man nicht einfach zurückkommen und weitermachen. Das wollte er nicht. Jetzt hat er auf dem Gelände des Wohnprojektes ein Haus für sich gebaut, das er selbst konzipiert hat und in dem er bleiben möchte.

Aber auch sein Katamaran ist für ihn so etwas wie ein gut segelndes Haus. Er ist genau das, was er sich als Junge in seinen ersten Träumen vorgestellt hat. Er wollte auf dem Schiff leben und er wollte Architekt werden. Mit diesen beiden Visionen war sein Leben schon früh fest gesattelt, wie er es ausdrückt. Dieses Gefühl, den Wohnraum, die Höhle, das Zuhause wie ein Schneckenhaus um sich zu haben und sich trotzdem zu bewegen, das war wichtig. Ich wollte mich nur mit Windkraft von einem Ort zum anderen bewegen, in einem Haus das mich auf meinen Reisen begleitet, erklärt er. Er ist nie der Typ gewesen, der Pauschalreisen macht. Bis vor ein paar Jahren war er niemals in einem Hotel. Zeitweise hatte er einen Lieferwagen in dem er geschlafen hat. In den hatte er eine Koje und ein Kocher eingebaut. „Ich hatte immer das Bedürfnis ein mobiles Heim zu haben. Das war immer das Wichtigste. Natürlich hatte ich auch Spaß am Segeln. Das war gigantisch. Da habe ich immer versucht alles rauszuholen, was ging. Aber wenn es mir nur um das Segeln gegangen wäre, hätte ich wahrscheinlich einen ganz anderen Weg eingeschlagen. Dann würde ich auf einer Yacht, auf einer richtigen Rennziege, segeln", ist er sich sicher. Das Segeln selbst ist für ihn mit der Zeit immer weiter in den Hintergrund getreten. Es ist aber die Faszination geblieben, mit Segeln ein Haus zu bewegen. Das ist nach wie vor so. Aber dieser Ehrgeiz, auch noch den letzten halben Knoten herauszuholen, der ist etwas weniger geworden. Das war für Arne aber lange Zeit ganz wichtig. Auch noch mit *Rollo*. Denn diese großen schweren Schiffe laufen eigentlich nur, wenn man das Letzte aus ihnen herausholt, gute Segel hat und sie absolut gewissenhaft trimmt. Sonst ist das Segeln für Arne eher frustrierend. Darauf achtet er auch bei seinem Katamaran. Trotzdem läuft der nicht besonders schnell. Allein mit der Genau kommt er auf 7,5 Knoten. Wenn man das Großsegel hochzieht, dann sind es vielleicht 8,3 Knoten. Das heißt, das macht den Kohl nicht fett, meint er. Aber Ly ist eben auch ein schweres Schiff. Mit dem Komfort bringt man eben auch Gewicht an Bord Das ist auch eine Frage des Alters. Man wird mit den Jahren bequemer, hat er festgestellt.

Früher war ihm die Geselligkeit an Bord sehr wichtig. Es sorgte immer dafür, dass das Schiff voller Menschen war. Da war immer Platz für noch einen mehr. Die große Gemeinschaft er gebraucht. Das hat sich mit den Jahren sehr geändert. Jetzt sei es manchmal sogar das Gegenteil, meint er. Ab und zu sehne er sich danach, alleine an Bord zu sein. Damit meint er nicht, dass er lange Törns alleine segeln möchte. Ich bin kein

Einhandsegler und kein Einsiedler, erklärt er. „Das finde ich auch nicht gut. Aber allein zu sein und auch vielleicht mal eine Nacht allein zu segeln, das entspannt mich oft mehr, als wenn noch andere Menschen an Bord sind. Ich kann meinen eignen Rhythmus leben, kann essen, wenn ich Hunger habe und nicht wenn ich das Gefühl habe, ich müsste jetzt was für die anderen kochen, sie motivieren oder sonst irgendwas. Ich kann schlafen oder lesen, so wie ich es will und nicht anders."

Das Bauen war für Arne stets eine sehr befriedigende Tätigkeit. Obwohl es natürlich auch immer Phasen gegeben habe, in denen er die Nase voll davon hatte, wie er sagt. Das war bei *Maria* so. Da sei er manchmal am Schiff vorbeigefahren und hat nur geguckt, ob die Masten noch geradestehen. Das habe es beim Bau des Katamarans nicht gegeben. Da wurde alles generalstabsmäßig durchgezogen, vom ersten bis zum letzten Tag. Vor allen Dingen auch Dank der Mitarbeit seines Freundes Wolfgangs habe das nur Freude gemacht, erinnert er sich. Wolfgang war während der gesamten Bauzeit dabei, hat geschweißt und den Innenausbau gemacht. Das war ein Vollzeitjob. Geleichzeitig war es ganz erstaunlich, wie gut alles geklappt hat, super geplant, die Umstände waren super, das Geld war da und es hat alles funktioniert. Einfach immer nur zack-zack, erklärt er. So ein großes Schiff innerhalb von zwei Jahren fertig zu bauen, sei schon ein Hammer. Mit dem Haus ging es ein kleines bisschen langsamer, war aber ähnlich. Im Prinzip auch durchgeplant bis ins Letzte, und anschließend Stück für Stück verwirklicht. Das macht mir Spaß, erklärt Arne. Bei den ersten beiden Bauprojekten waren eben auch die Möglichkeiten nicht so optimal. Wenn man kein Geld hat, muss man viel improvisieren. Aber das Bauen ist schon großartig. Das ist immer mein Ding gewesen.

Ich wollte einfach segeln
Birgit

Seit vielen Jahren fährt Birgit als Skipperin auf Traditionsschiffen. Inzwischen ist sie auch Kapitänin auf großen Privatyachten. Ein eigenes Schiff besitzt sie nicht. Zum Interview trafen wir uns in einem Café in Eckernförde. Birgit hatte Urlaub und war außerdem auf Jobsuche.

Zum Segeln kam sie über den Großsegler *Thor Heyerdal*. Segeln hat sie schon während der Schulzeit sehr interessiert, obwohl sie weit weg von der Küste, in Süddeutschland in einem kleinen Dorf, lebte. Kurz vor dem Abitur las sie den Reisebericht einer Frau, die zwei Monate auf der *Thor Heyerdal* als Crewmitglied mitgefahren war. Birgit war sofort begeistert. Das wollte sie auch. In dem Zeitungsartikel war die Adresse der *Thor Heyerdal* und einiger anderer Schiffe angegeben. Da es das Internet noch nicht gab, schrieb sie allen einen Brief. Einige schickten daraufhin kommentarlos ihre Prospekte.

Bei *Thor Heyerdal* war das anders. Die antworteten sehr konkret, man könnte Stammcrew werden und dann auch länger mitfahren, müsste aber vorher einen Ausbildungstörn machen. Birgit wollte am liebsten gleich loslegen, aber der erste Ausbildungstörn war gerade vorbei. Nach einigen Telefonaten zeichnete sich schließlich doch die Chance ab auf einem

Kurztörn vor der „Kieler Woche" dabei zu sein. Wenn du da mitmachst, dann kannst du anschließend gleich weiterfahren, hieß es. Wir brauchen eigentlich immer Stammcrew. Das war 1990.

So stand sie denn eines Tages allein am Bahnhofskai in Kiel. Sie kannte niemanden aber sie fand an Bord eine Crew in die sie sofort eintauchte. Sie hatte keine Ahnung was die Kieler Woche ist und sie hatte auch sonst keine Ahnung, aber alles wurde geduldig erklärt. Sie machte den Ausbildungstörn und die Kieler Woche mit und war anschließend fünf weitere Wochen an Bord. Im folgenden Herbst war Werftzeit mit vielen freiwilligen Helfern und Birgit machte auch da mit. Sie hatte das Segelvirus eingefangen, sagt sie. Und das ist bis heute so geblieben.

Ihr war klar, dass sie sich Gedanken für ihre Zukunft machen sollte. Sie wollte studieren, aber gleichzeitig viel an der frischen Luft sein und reisen. So kam sie auf die Geologie. Das klang zu der Zeit, als hätte es Zukunftsaussichten. Natürlich wollte sie ans Wasser, bekam aber in Kiel nicht sofort einen Studienplatz. Da sie nicht warten wollte, ging sie nach Erlangen in Bayern.

Die Semesterferien verbrachte sie regelmäßig auf der *Thor Heyerdal*. Insbesondere die Werftzeiten im Frühjahr und im Herbst fielen oft in die Ferienzeit und es wurden immer Leute gebraucht, die mithalfen. Sie war begeistert von der Gemeinschaft an Bord und lernte jeden Tag etwas Neues über das Schiff.

Eine Lieblingsarbeit für Neulinge, die sonst nichts können, ist es Nagelbänke, Spieren und sonstige Holzteile zu malen, Drähte zu labsalen und Tausendfüßler zu knüpfen. Bald kamen aber auch Arbeiten im Rigg dazu, Blöcke herunternehmen, Tauwerk austauschen.

Fridjof Nansen und *Roald Amundsen*

Die *Thor Heyerdal* und der dazugehörige Verein feierten 1996 zehnjähriges Jubiläum. Birgit fand das Konzept des Vereins gut, aber nach ein paar Sommern, hörte sie eines Tages, dass es ein neues Schiffs-Projekt gäbe, und sie fand die Idee, etwas Neues aufzubauen, wo sie noch eigene Ideen einbringen und mitgestalten konnte, gleich spannend. Es war der Verein „Leben lernen auf Segelschiffen", zu dem sie Kontakt aufnahm.

Das neue Projekt war der Bau des Großseglers *Fritjof Nansen*. Der damalige Kapitän der *Thor Heyerdal*, Hans Temme, hatte einen Schiffrumpf gefunden und der Verein hatte Kontakt zur Peenewerft in Wolgast aufgebaut, die durch die Treuhand privatisiert werden sollte. Da es damals für Projekte in den neuen Bundesländern hohe finanzielle Förderung gab, wurde die Restaurierung in Wolgast durchgeführt.

Zunächst wurden die Schweißarbeiten am Rumpf von der Werft durchgeführt. Die Werftarbeiter waren gerade alle arbeitslos geworden und wurden über das Arbeitsamt in sogenannte Arbeitsbeschaffungsmaßnahmen wieder an ihren alten Arbeitsplatz vermittelt. Die Vereinsmitglieder hatten dabei eher weniger zu tun. Ab und zu organisierte der Verein ein Arbeitswochenende. Da wurde dann Ballast gestaut oder der Fortschritt der Arbeiten dokumentiert.

Als die *Fritjof Nansen* fertig war, fanden alle Beteiligten, dass es eine coole Sache gewesen sei und sie waren sich einig in dem Wunsch, noch ein zweites Schiff zu bauen. Die *Fritjof Nansen* hatte sich im Prinzip an der

Thor Heyerdal orientiert, weil fast alle Vereinsmitglieder von dort kamen und auf ihr gefahren waren. Jetzt sollte es etwas ganz anderes werden. Also wurde die alte *Vilm, ein* Tankschiff, gekauft. Daraus entstand die Brigg *Roald Amundsen*. Später hat der Verein noch die *Nobile* fertiggestellt.

Birgit fuhr lange als Crewmitglied, auf den Großseglern auch Topsgast genannt, auf allen drei Schiffen. Sie hatte den Sportbootführerschein, um das Beiboot zu fahren und es war ihr nahegelegt worden einen Erste-Hilfe-Kurs zu machen. Ansonsten lief alles über „learning by doing". Sie waren immer zu Zweit oder zu Dritt in einer Wache.

Für Birgit war die *Roald Amundsen* immer das interessantere Schiff, weil es eine Brigg war. Dass man hoch in die Masten klettern muss und in der Takelage und auf den Rahen arbeitete, fand sie großartig. Bei einem Schoner werden die meisten Segel von unten bedient. Auf der *Thor Heyerdal* war es daher schon ein Highlight, wenn man mal das Toppsegel setzen durfte.

Als Crewmitglied auf Privatyachten

Dann war sie schließlich mit dem Studium fertig und gerade mal wieder in Wolgast, als ihr Freund Detelf erzählte, dass Crewleute für eine moderne Yacht gesucht würden. Eine Segeljacht sollte über den Atlantik gebracht werden und es fehlte noch Crew. Das würde auch bezahlt, hieß es. Dass man fürs Segeln Geld bekommen sollte, konnte sie kaum glauben. Ruf da mal an, es soll demnächst losgehen, hieß es.

Das klang gut und passte gut. Sie hatte ewig am Schreibtisch gesessen und mit ihrer Diplomarbeit gekämpft und jetzt wollte sie segeln. Sie meldete sich also umgehend und bekam die Auskunft, dass das Schiff auf einer

Werft in Florida in West Palm Beach läge. Es sollte aber erst ablegen, wenn die Instandsetzungsarbeiten beendet seien.

Bis dahin hatte sie immer noch in Erlangen gewohnt. Aus dem Plan nach dem Grundstudium nach Kiel zu wechseln, war nichts geworden. Die Diplomarbeit hatte sie als klassische Kartierung in den Alpen gemacht. Aber nun wollte sie endlich in den Norden und einen Job suchen. Sie packte ihre Sachen und zog in Hamburg bei einer Freundin ein. Ihr Ziel war es im Alfred-Wegener-Institut zu arbeiten und so machte sie dort erst einmal ein Praktikum. Für eine feste Anstellung hätte sie dort promovieren können, aber sie hatte von Schreibtischarbeit erst mal genug.

Genau da kam ein Anruf aus Florida. Das erste Gespräch lag bereits ein oder zwei Monate zurück und sie hatte die Sache schon fast vergessen. Wir suchen jemanden für einen Dreimonatsvertrag, für die Überführung nach Europa, hieß es. Du musst dich nur noch bei der Reederei vorstellen und dann könntest du schon nächste Woche rüber fliegen. Sie fand die Idee, drei Monate als kleine Auszeit zu nehmen, super.

Nach dem Telefonat hatte sie den Eindruck, dass der Job sicher sei und sie nur noch pro forma zur Vorstellung zum Reeder gehen sollte, und war dementsprechend relaxed. Erst später wurde ihr klar, dass es ein offizielles Vorstellungsgespräch gewesen war. Gerade die Tatsache, dass sie sehr entspannt gewirkt hatte, hatte aber offensichtlich den Ausschlag für die Zusage gegeben.

Sie flog nach Florida und fand sich auf einer modernen hochgetakelten 45-Meter Schoner-Yacht. In der Ostsee gab es zu der Zeit 1998 bis 2000 keine richtig großen Yachten, sagt sie. Da war eine fünfzehn oder zwanzig

Meter lange Bavaria schon riesig. Selbst zwölf Meter waren schon viel, jedenfalls im Freizeitbereich. Heute hat sich das völlig geändert.

Da lag ein schönes, privates Schiff, keine Charteryacht, in der Werft. Es gab eine komplett neue Crew, weil der Eigner das so wollte und vorher wohl vieles im Argen gewesen war. Alles wurde generalüberholt, die Hauptmaschine wurde erneuert, auch alle Rohrleitungen ausgetaucht. Die gesamte Außenhaut war korrodiert. Aluminiumbeschläge saßen auf dem Stahlrumpf. Da war also einiges zu tun und als sie ankam war ihr sofort klar, dass es in zwei Wochen nicht nach Europa gehen würde. Das Ding war einfach noch nicht fertig, erinnert sich Birgit. Die Bulleyes lagen noch herum, das Deck war in Arbeit.

Sie fing als Deckshand an. Sie und die andren waren alles Leute, die aus der Traditionsschiffsszene kamen und von Yachting keine Ahnung hatten. Dass es genauso eine Yachtszene gab wie eine Traditionsszene, davon hatten sie noch nie etwas gehört. Aber es war klar, dass man auf einer Yacht andere Maßstäbe beim Schleifen, Lackieren oder Polieren setzte, als auf den großen stählernen Traditionsseglern. Zum Glück waren noch zwei von der ursprünglichen Crew dabei, die den Neuen viel über die Historie des Schiffes und über das Yachting erzählen konnten. Sie erklärten auch, wie man die Oberflächen behandelt. Man verwendet ganz andere Putzmittel und andere Lacke und alles wird auf Hochglanz poliert.

Sie arbeiteten vier Wochen und dann nochmal vier Wochen und allmählich wurde es knapp mit den drei Monaten. Birgit war über die Reederei angestellt, wurde regelmäßig bezahlt und war krankenversichert. Das war soweit gut. Aber eigentlich wollte sie über den Atlantik segeln. Schließlich kam der Punkt an dem sie davon ausging, dass es wohl damit nichts mehr würde. Und genau da kam das Angebot, zu verlängern. Der Reeder meinte, sie hätte sich sehr schön eingearbeitet und bot ihr an noch drei Monate dranzuhängen.

Da sie keinen anderen Job in Aussicht hatte, nahm sie den Vorschlag an. Sie hatte die ganze Studienzeit von BAFÖG gelebt und verdiente nun auf der Werft etwas mehr als den BAFÖG-Satz. Für sie war das ein geniales Gehalt. Aus heutiger Sicht kann sie nur darüber lachen, aber damals fand sie es super. Florida gefiel ihr zwar nicht besonders, aber es war warm, es gab den Strand. Die Arbeit war angenehm, schleifen, malen, ein bisschen schrauben. Sie fand, man an könne es schlechter treffen.

Tatsächlich blieb sie dreieinhalb Jahre an Bord und ließ die Geologie allmählich hinter sich. Die Yacht wurde ihr Einstieg in die berufliche Seefahrt mit der sie ihren Lebensunterhalt seitdem verdient. Lange hatte sie keine Wohnung. Wenn sie frei hatte, besuchte sie die Eltern in Süddeutschland, bei einer Freundin in Hamburg hatte sie ihre Habseligkeiten untergestellt und konnte dort immer auf der Couch schlafen. Nach ungefähr eineinhalb Jahren war ihr dieses Arrangement aber doch etwas zu wenig und sie suchte sich eine Wohnung in Hamburg.

Die Yacht wurde schließlich fertig, der Eigner, ein Amerikaner, kam an Bord, sie segelten nach Europa und machten einige große Ostseerundreisen. Dann ging es ins Mittelmeer, kleine Werftzeit, dann wieder rüber nach Florida. Der Eigner mochte Florida gern. Dann ging es nochmal ins Mittelmeer nach Palma de Mallorca. Sie lagen dort ein halbes Jahr, weil das Schiff verkauft werden sollte. Die Crew machte Instandhaltung und ab und zu kamen Kaufinteressenten. Der Eigner war so ein alter lustiger Kerl, der viel Kohle hatte, erzählt Birgit. Aber er hatte auch eine genaue Vorstellung, wem er das Schiff geben wollte. Das Geld war ihm nicht wichtig. Wenn also einer kam, der ihm nicht gepasst hat, dann sagte er einfach nein.

Nach einem halben Jahr wurde die Yacht wieder vom Markt genommen. Sie segelten durch den Panamakanal, dann die Küste hoch nach Hawaii. Birgit hätte sich gerne auf dem Weg dorthin mal die Galapagosinseln angesehen. Zu der Zeit war ein Zwischenhalt auf Galapagos aber noch sehr schwierig. Mittlerweile darf man gegen eine ziemlich hohe Gebühr an Land gehen. Aber sie waren nicht zum Sightseeing unterwegs und so segelten sie vorbei. Eine Zeitlang waren sie in Vancouver, ehe es nochmal zurück nach Florida ging. Danach wieder in Europa. Das war im Jahr 2000. Es war ihr viertes Jahr an Bord derselben Yacht und da wollte sie doch mal was Neues probieren.

Seefahrtsausbildung

Birgit hatte bis dahin keinerlei nautische Ausbildung. Sie wollte segeln und die Welt sehen und wurde dafür bezahlt. Das war ihr genug. Es gab auch noch nicht so viele Vorschriften und Besatzungsregeln. Jeder durfte ein Sportboot fahren. Die Versicherungen machten bei größeren Schiffen oft Vorgaben darüber, welche Ausbildung die Besatzungsmitglieder und Schiffsführer haben mussten. Aber die meisten Regelungen für das Yachting kamen erst ab 2000.

Auch ohne Ausbildung hatte sie aus dem Hobby einen Beruf gemacht, aber gleichzeitig hatte sie kaum noch Freizeit und Urlaub. Lange Zeit störte sie das nicht, da sie immer auf irgendeinem Schiff war und nur das wollte sie. Am Anfang fand sie das Leben auf den Yachten bestens. Und in der ersten Zeit waren auch viele ihrer Freunde aus der Traditions-Szene dabei. Aber auf Traditionsschiffen fuhr sie kaum noch und sie merkte, dass es ihr nicht gleichgültig war, ob sie auf den Yachten segelte oder auf den Traditionsschiffen.

Große Ziele - Master of the Watch

Schließlich kam die Yacht in Barcelona in die Werft und wurde wieder mal zum Verkauf angeboten. Genau da suchte ihr Freund Detelf, der inzwischen eine Firma hatte die große Segelschiffsriggs baute und wartete, Verstärkung für ein Projekt in Irland. Die *Dan Browdie*, ein Auswandererschiff, sollte nachgebaut werden. Der Job schien Birgit interessant und sie wurde als Riggerin eingestellt. Das war richtige Traditionsschiffsarbeit und weil es genau das war, was sie wollte, blieb sie zwei Jahre dabei. Dann vermisste sie das Segeln aber zu sehr. Wenn man erstmal Blut geleckt hat, sagt sie, kommt man nicht mehr weg vom Segeln.

2002 traten die Basic Safety Regeln in Kraft und alle Bootsleute mussten eine Grundausbildung in Feuerschutz und Sicherheit machen. Das waren ihre ersten Scheine. Ihr war inzwischen aber auch klar geworden, dass sie Weiterbildung machen musste. Sie erwarb den Sportbootführerschein und den Sporthochseeschifferschein, aber in der Yachtszene zählte das kaum. In Deutschland gibt es für die Sportschifffahrt aber keine andere Ausbildung. Die Engländer haben ein Yachtregister.

Sie fing also an, die englischen Scheine zu machen. Der erste größere Schein war der Officer of the Watch. Voraussetzung waren drei komplette Jahre Seezeit auf Yachten, die sie nachweisen konnte. Dann absolvierte sie verschiedene Lehrmodule und führte das sogenannte Training Record

Book, eine Art Berichtsheft in dem sie alles aufschreiben und unterschreiben lassen musste, was sie gemacht hatte. Das ging bei den Knoten los, über Logbuchführen, Brückendienst, Drills machen, Einteilen der Dienste und endet beim Anlegen. Anlegen machen meistens nur die Offiziere. Zum Schluss kommt eine mündliche Prüfung bei der MCA (Maritime and Coastguard Agency), das Pendant zum BSH in Deutschland.

Nach dem Officer of the Watch folgt der Chief Mate, das ist der Erste Offizier, und dann kann man weitermachen: Master 200, Master 500, Master 3000. Es gibt für alle Yachten Besetzungsvorschriften in denen festgelegt ist, welchen Schein die einzelnen Crewmitglieder haben müssen. Minimum sind ein Skipper und ein Steuermann. Ab zehn Crewmitgliedern braucht man einen Koch. Für die Maschinenanlage gibt es ähnliche Vorschriften und eine Ausbildung über Module. Meistens brauchen nur etwa zwei oder drei Leute einen dieser Scheine, die übrigen sind Deckhands. Deckshands brauchen nichts, aber die putzen das Schiff, gehen Wache und Ausguck. Das hatte sie jahrelang gemacht.

Yachten, die die Commonwealth-Flagge fahren, orientieren sich sehr an den Engländern und den englischen Regelungen. Deshalb sind diese Scheine wichtig. Wenn man ein englisches Patent hat, wird das fast überall anerkannt. Im Oktober 2016 setzte Birgit schließlich den Master 3000 als Krönung ihrer Ausbildung oben drauf. Jetzt oder nie, hatte sie gedacht. Die Prüfung machte sie in Florida, aber die Prüfer kamen aus England. Dort wo viele Yachten sind, in Südfrankreich, Palma, Barcelona oder Florida, sind auch die Schulen. Fort Lauderdale ist eine Hochburg. Sie hat ihre Ausbildung zum Teil in England gemacht und ein bisschen in Frankreich und dann hat eben Florida besser gepasst. Der Dollar war schwächer. Auch das war ein Kriterium. Denn natürlich geht es auch immer um die Kosten und die Termine. Ob sie jetzt ein eigenes Schiff bekommt, stehe auf einem anderen Blatt, meint sie. Überall würden Leute mit Erfahrung gesucht. Sie ist fünfzehn Jahre als Steuerfrau gefahren, aber eben noch nicht als Kapitänin. Der erste Schritt ist schwierig, aber es sei gut den Schein zu haben, meint sie.

Als Frau auf Jobsuche

Meistens war sie die einzige Frau in den Kursen. Beim Master 3000 waren sie zu zweit unter dreiundzwanzig Kandidaten. Statistiken sagen, dass acht Prozent der Steuerleute und zwei Prozent der Kapitäne im Yachting Frauen sind, erklärt Birgit. Da sei noch Nachholbedarf. Als sie anfing gab es noch fast keine Frauen unter den Deckshands. Es gab Agenturen, die sagten ihr ins Gesicht, „eigentlich brauchen wir uns gar nicht zu unterhalten, weil wir keinen Job für eine Frau haben." Die Situation hat sich im Laufe der Jahre deutlich gebessert, aber sie trifft als Frau immer noch auf Widerstand. Es gibt nicht nur engstirnige Kapitäne, Manager oder Eigner, die gegen Frauen im Yaching sind, so Birgit. Sie hat viele Männer getroffen, die sehr offen waren, aber meistens seien mehrere Parteien involviert und da braucht es einen langen Atem, sagt sie.

Die Wohnverhältnisse auf Schiffen sind sehr beengt, deswegen heißt es dann: „Wir können nicht gemischt geschlechtlich fahren. Unser Erster Offizier teilt sich die Kammer mit dem Maschinisten oder mit dem Zweiten Offizier. Das ist ein Mann und aufgrund der Kabineneinteilung können wir Sie leider nicht berücksichtigen." Das ist die Standardabsage, die sie in den letzten zehn Jahren immer wieder bekommen hat.

Aber sie ist guter Dinge. Es gibt viel mehr Schiffe und inzwischen liest man sogar, dass explizit weibliche Deckhands und weibliche Bootsleute gesucht werden. Steuerleute weniger. Meistens steht da nur Steuermann gesucht. Manchmal auch „We consider male and female". Das ist schon ein Treffer und ist besser als gar nichts. Es geht in diese Richtung und mittlerweile hat sie auch immer wieder Kolleginnen getroffen. Sie kennt nur eine, die auch als Kapitänin fährt. Beim Kapitän können sie ja mit dem Argument der Kammer nicht kommen, erklärt Birgit lachend. Auf den Traditionsschiffen schert sich keiner darum, ob Männlein und Weiblein in einer Viererkammer gemeinsam schlafen.

Kapitänin werden

Tatsächlich ist ihr diese Kapitänsidee auf den Traditionsschiffen gekommen. Da schließt sich sozusagen der Kreis, findet sie. Den Offiziers-Zettel, wie sie es nennt, den hatte sie in der Tasche und das schien ihr zunächst ausreichend zu sein. Sie verdiente als Steuerfrau oder als Erster Offizier gut und sie wollte nicht nochmal 15.000 Euro in ihre Ausbildung investieren. Sie war lange mit ihrer Situation zufrieden. Langsam begann sie Vertretungen und Überführungen zu machen. Das ging eine ganze Weile gut, aber es war oft auch anstrengend und unerfreulich, weil die Eigner unverhältnismäßige Ansprüche hatten. Der letzte Vollzeitjob war besonders stressig. Es gab drei gemeinsame Eigner. Der eine verlässt die 75-meter-Yacht mit seinen Gästen mittags, die nächsten kommen am Spätnachmittag mit dem Flieger. Das sind jeweils zwölf Personen in sechs Kammern. Das ganze Schiff soll zwischendurch gereinigt und neu proviantiert werden, mit hohem Anspruch an die Kombüse. Oder sie wollten segeln, wenn man wegen des Wetters oder anderer Probleme nicht segeln konnte.

Nach mehreren solcher Erfahrungen beschloss weniger zu arbeiten und wieder mehr segeln. Und sie stellte wieder fest, dass ihr die Traditions-Segelei fehlte. In dieser Zeit lernte sie die *Jonas von Friedrichstadt* kennen. Einige aus der Crew der *Thor Heyerdal* machten auf der *Jonas* seit vielen Jahren einen Ostertörn. Ostern fängt die Saison auf der Ostsee an. Es ist eiskalt, man muss sich warm anziehen. Das hatte mit der Idee angefangen, mal nicht verantwortlich zu sein und nur den Spaß am Segelln zu genießen. Eine Freundin schleppte sie damals mit, und Birgit gefielen das Schiff und die Gruppe.

Als sie bereits ein paar Jahre Stammgast auf der *Jonas* war, fragte Skipper Stefan, ob sie für ihn fahren würde. Sie kamen überein, es ein paar Monate zusammen zu versuchen und dann zu sehen, ob sie beide damit happy wären. 2015 fuhr sie zwei Törns, einen im Sommer und nochmal zum Ende der Saison, dann auch 2016. Stefan hatte ein Haus gekauft, mit dem er viel Arbeit hatte und froh war, wenn er durch sie freie Zeit hatte.

Auch auf *Roald* Amundsen zu fahren machte ihr weiterhin Spaß. Aber als da ein Kapitän kam, der nach ihrer Meinung das Schiff nicht segeln konnte, beschloss sie, selbst das Kommando zu übernehmen. Sie wurde Kapitänin auf *Roald*, dann kam *Jonas* dazu. Und sie merkte, dass sie es kann. Es war ein verdammt gutes Gefühl auch mal selber den Hut auf zu haben, erklärt sie stolz.

Natürlich war das viel anstrengender, weil sie viel mehr Verantwortung hatte, aber sie fand es gut, die Traditionssegler zu fahren. Aus dieser Situation heraus entschloss sie sich, mit der Ausbildung weiter zu machen. Jetzt oder nie. Wenn ich es jetzt nicht mache, dachte sie, dann mache ich es in fünf oder zehn Jahren erst recht nicht mehr.

Inzwischen fährt sie nur noch hin und wieder Traditionssegler. Sie will wieder Vollzeit arbeiten, entweder mit eigenem Kommando oder als Steuerfrau auf einer großen Yacht. Es ist oft einfacher Kapitän auf einem Schiff zu werden, wenn man schon als Offizier drauf fährt, und den Befähigungsnachweis zur Führung des Schiffes in der Tasche hat. Es bestehen ja immer die Besetzungsvorschriften. Der Kapitän kann nur von Bord gehen, wenn der Erste Offizier auch Master 3000 hat. Sonst muss für die Urlaubszeit des Kapitäns jemand gestellt werden, selbst wenn das Schiff nur im Hafen liegt. Es muss ja jederzeit bewegbar bleiben. Es gibt außerdem immer wieder Kapitäne, die nicht Vollzeit arbeiten wollen und man teilt sich den Job. So eine Variante wäre ihr am liebsten.

Auf jeden Fall geht es für sie beruflich um private Yachten oder Charteryachten. Am liebsten ist sie auf einem Segelschiff, aber sie kann sich das sich meistens nicht aussuchen. Oft befehligt sie auch Motoryachten.

Viele Eigner lassen ihre Schiffe kommerziell registrieren, um Kosten zu senken. Der Eigner fährt nur zweimal im Jahr mit, ansonsten läuft es im Charterbetrieb. So ein Schiff bringt ungefähr 80.000€ in der Woche ein. Charter bedeutet mehr Arbeit, ist aber auch interessanter, weil man sehr unterschiedliche Leute trifft. Oder es ist die Privatyacht eines Eigners oder einer Familie, die man dann nach einer Weile sehr gut kennt. Birgit hat eine Zeitlang für einen Amerikaner gearbeitet, mit dem sie heute noch einen regen Emailaustausch hat. Dort gehörte sie an Bord schon fast zur Familie. Man kennt die Leute, lernt ihre Vorlieben kennen und kann sich auch sehr gut darauf einstellen, sagt sie, während man bei der Charterei nie weiß, wer kommt. Das ist wie im Hotel.

Von der Traditionssegelei kann man nicht leben. Die Situation wird mit der neuen Sicherheitsrichtlinie noch schlechter werden, ist Birgit überzeugt. Für sie wird es daher immer Hobby bleiben. Diese Entwicklung findet sie schade. Ein eigenes Schiff zu haben, kommt für sie nicht in Frage. In Holland gibt vom Gesetzgeber bessere Vorgaben als in Deutschland und andere Organisationsformen. In Deutschland kannst du die ganze Sache vergessen, bedauert sie. Vielleicht wäre mein Weg anders gewesen, wenn ich damit meinen Lebensunterhalt verdienen könnte. Aber man kann es nicht, sagt sie.

Sie dürfte auch in England Traditionsschiffe fahren. Ihr Yacht-Master-Schein schließt sogenannte Sail Training Ships (STS) mit ein. Aber in England gibt es relativ wenige Traditionsschiffe und sie möchte auch lieber in Deutschland die Schiffe fahren, die ihr am Herzen liegen. Wegen eines beliebigen Traditionsschiffes würde sie nicht nach England gehen. Und dann sagt sie noch: Die Deutsche Schifffahrt wird ja gerade abgeschafft. Es gibt immer weniger Seefahrtsschulen. Es gibt keine Lobby. Die Reeder sind daran interessiert, Geld zu sparen und lieber ausflaggen und ausländische Mitarbeiter einstellen. Es ist nur eine Frage des Geldes.

Ein Freund von ihr ist nach Holland gegangen. Sven ist auf *Platessa* als Bootsmann gefahren, eine Zeitlang *Roald* und dann *Nobile*. Solange man das Skippern nebenher macht und nicht auf das Geld angewiesen ist, geht es, weiß sie. Aber man kann nichts weiter damit werden. Sven hat mittlerweile eine Partnerschaft mit einer Holländerin, hat außerdem ein eigenes Schiff und fährt seit etlichen Jahren im Nachbarland. Das ist auch so einer, der hängengeblieben ist beim Traditionssegeln, sagt Birgit. Sven fährt im Sommer mit Schulklassen im Ijsselmeer. Das wäre Birgit nicht genug, aber er hat dort seine Nische gefunden. Im Winter liegt das Schiff in der Nähe von Amsterdam und wird für Bed & Breakfast genutzt.

Die kleineren Schiffe sind noch so eine Nische, aber die werden immer weniger, sagt die Kapitänin. So gehen die motivierten Leute weg. Bei ihrem letzten Medical-Kurs lernte sie einen Skipper der *Cronos*, auch eine Art Traditionsschiff, kennen. Er ist Deutscher und skippert seit fünf Jahren. Die *Cronos* fährt unter holländischer Flagge, nur dadurch können sie ihre Leute bezahlen. Birgit ist schleierhaft, warum man in Deutschland keine Grundlage dafür schaffen kann. Es ist keiner da, der sich dafür interessiert, sagt sie. Sie hat das Gefühl, dass es wohl nicht gewollt ist.

In Deutschland soll alles der Berufsschifffahrt angepasst werden, erklärt sie, aber Traditionsschiffe sind eben nicht Berufsschifffahrt. Es müsste ihrer Meinung nach ein völlig neues Register geben, wie in anderen Ländern auch. In England ist Yachting auch nicht kommerzielle Seefahrt. In Holland gibt es unterschiedliche Register für die kleinen Schiffe, sagt sie. Die fahren dann nicht weltweit, sondern nur Ijsselmeer und bis zu den Inseln. Man könnte für die Ostsee so etwas auch regeln. Als Birgit anfing zu segeln waren die Deckshands und Bootsleute alle Studenten und alle waren, wie sie, Anfang zwanzig. Sie fuhr damals zehn Wochen im Jahr, also in jeder freien Minute. Da spielte Geld für sie keine Rolle. Wenn man sich heute das Durchschnittsalter der Stammcrews ansieht, ist das eine ganz andere Sache, sagt sie. Die haben alle einen Beruf und Familie und deshalb nicht viel Zeit. Da fahren die meisten nur zwei Wochen im Jahr. Die geben doch nicht tausende Euros aus, um Kurse zu machen. Das geht völlig an der Sache vorbei. Ein Problem sei auch, dass viele Skipper inzwischen alt geworden sind. Es kommt niemand neues hinterher, der ein Schiff übernimmt, wenn es keine Perspektive gibt. Dann werden die

Schiffe an der Pier liegen. Wenn ein Museumsschiff erstmal liegt, wird es schwierig, es wieder in Fahrt zu bringen. Wenn die Zeugnisse auslaufen und nicht erneuert werden können, dann findet sich keiner mehr, der es übernehmen will. Und keiner möchte ein Schiff übernehmen in das man erstmal viel Geld investieren muss, um die Vorschriften zu erfüllen, für das man außerdem eine gut ausgebildete Crew braucht, die man aber nicht bekommt, weil man ihr nichts bezahlen darf.

Birgit ist froh, dass sie dieses Problem nicht direkt betrifft. Sie könnte alle diese Schiffe fahren, solange es die Schiffe noch gibt. Sie ist optimistisch und hofft, dass man Wege finden wird, vielleicht über Ausnahmeregelungen. Die Berufsgenossenschaft wird oft als Feind gesehen, aber sie sieht da auch eine Chance. Aber diese ganz großen Schiffe sind da auch ziemlich außen vor, meint sie. Sie hofft, dass die Traditionsschiffe noch lange überleben werden und sie noch lange das Steuer übernehmen kann, auch wenn diese Art der traditionellen Seefahrt für sie ein Hobby bleiben wird.

Man muss seine Grenzen kennen
Peter

Unter Deck der *Saelör* tropft Wasser auf die Fußbodenplanken. Es hat tagelang geregnet. Aber die Sitzecke ist trocken. Peter setzt Kaffee auf und zündet sich eine Zigarette an. Er wohnt in der Nähe und ist heute für unser Gespräch hergekommen, denn die Saison ist zu Ende und da fährt er nur zum Schiff, wenn es sein muss. Den großen Ofen hat er nicht eingeheizt. Wir sitzen im gemütlichen Salon an dem riesigen Tisch. *Saelör* ist sehr geräumig und bietet Platz für zwölf Übernachtungsgäste. Hier kann man sich wohl fühlen.

Peter ist Eigner und Skipper der *Saelör*, einer 1917 in Norwegen gebauten sogenannten Lystaskoyte von sechsundzwanzig Metern Länge. Dass er einmal einen aus Eichenholz gebauten Traditionssegler besitzen würde, hatte eigentlich nicht auf seinem Lebensplan gestanden.

Peter studierte in Karlsruhe Maschinenbau, hatte 1975 sein Diplom in der Tasche und trat in Hamburg seine erste Stelle an. Schon während des Studiums war er über einen Kommilitonen, dessen Vater eine Yacht besaß, zum Segeln gekommen. Sie machten eine Reise in die schwedischen

Schären und das war der Moment, in dem es klick gemacht hat, sagt Peter heute. Von da an kam er vom Segeln nicht mehr los.

Mehrere Jahre machte er mit dem Vater seines Freundes Wochenendtörns. Der rief ihn an, fragte ob er Zeit hätte und so ging es fast jedes Wochenende nach Hörup Havn, am Ausgang der Flensburger Förde, weil der Schiffseigner dieses Ziel liebte. Das Schiff war die *Eule*, eine klassische Yacht, Mahagoni, zwölf Meter lang. Nach drei Jahren kaufte Peter die *Eule* und verlegte sie nach Großenbroder Fähre im Fehmarn Sund.

Das war in den achtziger Jahren. In dieser Zeit ging es in vielen Häfen mit den alten Schiffen, die man damals noch nicht Traditionssegler nannte, richtig los und Peter begegneten auf seinen Törn immer häufiger diesen Schiffen, die er wunderschön fand. Auch die *Saelör* segelte im Fehmarn Sund einmal an ihm vorbei und er kann sich heute noch an diese Begegnung gut erinnern. Das Bild blieb in seinem Kopf hängen.

Als er später in Blankenese wohnte, ging er mit seiner Frau, immer wenn Hafengeburtstag war, runter an die Elbe, und beobachtete die Windjammerparade vom Strand aus. Peter filmte einige Schiffe und Szenen damals mit seiner Videokamera und entdeckte viel später, als er bereits Eigner der *Saelör* war, sein Schiff im selbstgedrehten Film. Sie sei wohl schon damals in sein Unterbewusstsein eingetaucht, meint er rückblickend. Aber dort blieb sie dann erstmal für lange Zeit.

Nach dem Studium begann er einen Job in der Produktion einer großen Firma. In so einem Unternehmen kann man nur Karriere machen, wenn man ins Marketing geht, dachte er. Fast zwanzig Jahre befasste er sich mit Werbung, Produktmanagement und Produktgestaltung. Das Berufsleben war stressig, aber das machte ihm nichts aus, denn er verdiente gutes Geld. Aber mit der Zeit interessierte ihn das Marketing immer weniger und er langweilte sich. Er vermisste Leidenschaft und Begeisterung für das, was er tat. Und da fing er an darüber nachzudenken, ob es nicht eine Möglichkeit gäbe, mit segeln Geld zu verdienen.

Ausstieg aus dem sicheren Job

Nach der *Eule* war er auf die *Jolly Briese*, ein holländisches Stahlschiff, umgestiegen. Sie machte, im Gegensatz zur *Eule*, kein Wasser und war immer trocken. Sie lag in Kappeln und wenn immer es ging, fuhr er Freitagnachmittags zum Segeln gen Norden und am Sonntagabend zurück nach Hamburg. Eines Sonntagabends saß er in der Sonne und konnte sich beim besten Willen nicht losreißen. Also fuhr er erst am Montagmorgen direkt zur Arbeit. Das machte er dann ein ganzes Jahr lang und dann war für ihn klar, dass eine Entscheidung anstand. Er beschloss seinen Lebensunterhalt zukünftig mit dem Segeln verdienen. Am liebsten hätte er die *Jolly Briese* behalten, aber ihm war klar, dass das Schiff als Geschäftsmodell zu klein war.

1994 beauftragte er Baum und König, einen Schiffsmakler in Hamburg, ein Schiff zu suchen. Der Ingenieur hatte eine sehr genaue Vorstellung davon, wie groß es höchstens sein sollte, damit es noch in die attraktiven kleinen dänischen Häfen reinkäme und wie der Komfort unter Deck sein sollte, damit er von den Chartergästen einen anständigen Preis verlangen konnte. Damals waren viele Schiffe zu verkaufen und er sah sich einige an. Schließlich wurde ihm die *Saelör* angeboten. Sie lag in Möltenort, dem Hafen von Heikendorf. Hölzerner Rumpf, zwei Masten, der Aufbau niedrig, alles noch im Originalzustand, wie sie 1917 gebaut worden war.

Die einzige kleine Veränderung war die Erhöhung der alten Ladeluke um eine Planke. *Saelör* war genau das, was er sich erträumt hatte.

Ein bisschen Geld hatte er gespart, aber es war lange nicht genug, um dieses Schiff zu kaufen. Also entwickelte er ein Geschäftsmodell und ging damit zu verschiedenen Banken. Die Banker in Heide waren von seinem Konzept begeistert und entschieden innerhalb von zwei Tagen einen Kredit von 300.000 Mark zu bewilligen.

Plötzlich Schiffseigner

Als Peter plötzlich Schiffseigner war, mussten Segelscheine her, damit er überhaupt mit dem großen Schiff auf Törn gehen konnte. Den C-Schein hatte er schon, aber der Sportseeschifferschein war die Mindestanforderung, um solch ein Schiff überhaupt fahren zu dürfen. Kurzentschlossen kaufte er sich das Lehrbuch, machte im Winter 1994-95 die Prüfung und bestand als einziger alle drei Fächer in einem Rutsch. Alle anderen Prüfungsteilnehmer mussten nochmal erscheinen. Er war stolz und es konnte losgehen.

Vom Voreigner Uwe bekam er glücklicherweise viel Unterstützung. Bereits vor dem Kauf war Peter so oft es ging bei Uwe mitgesegelt, hatte sich alle Details des Schiffes und des Schiffsbetriebes erklären lassen. Der erste Törn ohne Uwe war im Winter mit ein paar Freunden. Sie segelten von Kiel nach Kappeln und legten sich an der Pier längsseits an die *Pipilotta*. Peter kochte Labskaus und lud den Nachbarskipper zum Essen ein.

Erste Erlebnisse auf den eigenen Planken

Zunächst führte Peter die Angelreisen fort, mit denen Uwe hauptsächlich sein Geld verdient hatte. Es ging Richtung Bagenkop, südlich Langeland wurde geangelt. Drei oder vier Wochentörns hatte er vom Voreigner übernommen. Dadurch kam zwar von Anfang an Geld in die Kasse, aber rückblickend sagt Peter, dass er sich damals selbst ausgebeutet hat, denn er war nicht nur Schiffsführer sondern auch Koch und Zimmermädchen. Er machte Frühstück, kochte mittags Eintopf, nachmittags servierte er Kaffee und Kuchen und abends wurde nochmal warm gekocht. Wenn die Angler nichts mehr am Haken hatten, musste das Schiff verholt werden. Das war ziemlich stressig, erinnert er sich, und Spaß gemacht hat es ihm überhaupt nicht. Im Laufe der Zeit sei es ihm zum Glück gelungen, diese Angelgruppen nach und nach zu vergraulen, wie er sagt.

Uwe hatte die *Saelör* Ende der 1970er Jahren in Norwegen, in Farsund, entdeckt. Damals hatte sie kein Rigg und hinten ein großes Ruderhaus. Bis 1975 war das Schiff noch als kleiner Küstenfrachter in Fahrt gewesen und hatte daher noch den großen Frachtraum im Schiffsbauch. Uwe hatte sie für wenig Geld gekauft und in Dänemark, auf der Werft in Söby auf, zum Segelschiff zurückbauen lassen. Er hatte viel Geld investiert und das Schiff anschließend vierzehn Jahre lang mit Chartergästen betrieben. Eine von den Gruppen, die schon mit Uwe gefahren sind, ist auch heute noch an Bord. Sie sind dreißig Jahre hintereinander jedes Jahr vier Tage mit der *Saelör* gesegelt.

Dann kam die erste Kieler Woche, ein Muss für die meisten Traditionssegler, die Gästefahrten machen. Das war für Peter ganz neu. 1995 lief alles noch ganz anders ab als heute, erzählt er. Er hatte schon ein paar Tage vor Beginn fest gebuchte Tagesfahrten, immer mit vierzig Personen an Bord. So kamen acht oder neun, manchmal zehn, gut gebuchte Ausfahrten zusammen.

Peter erinnert sich noch gut an seinen ersten Törn. Der ging nach Möltenort und bei starkem Nordwestwind war es nicht einfach, das Schiff in dem engen Hafenbecken zu drehen und heil an die Pier zu bringen. Dem frischgebackenen Skipper war gar nicht wohl bei diesem Manöver, das er noch nie vorher gemacht hatte. Überhaupt hatte er noch kaum Erfahrung mit seiner *Saelör*. Die vierzig Mitsegler standen an Deck und beobachteten alles genau. Er hoffte inständig, dass alles gut gehen möge. Als die Leinen fest waren und Schiff und Mannschaft unversehrt, konnte er erleichtert aufatmen. Sein Selbstvertrauen wuchs und während des Rests der Kieler Woche hatte er vor fast nichts mehr Angst.

An Deck der *Saelör* steht eine Zapfanlage, weil er es irgendwann leid war, die vielen Bierkisten heranzuschleppen. Die Angelgruppen hätten ununterbrochen gesoffen. Die Bierkästen musste er durchs vordere Skylight in den Salon runter schaffen und von dort ins Kabelgatt. Zwölf Kisten passten ins Kabelgatt. Aber das war meistens nicht genug. Eine Gruppe hat sich im Gästebuch folgendermaßen verewigt: „nur vierzehn Kästen Bier an Bord, die soffen wir am Freitag fort". Das waren zwölf Leute.

Angeltouren macht er heute längst nicht mehr. Auf der Kieler Woche kommen, mit Glück, noch zwei oder drei Charter-Tage zusammen, und nicht mehr neun oder zehn wie früher. Auf der Hanse Sail in Rostock ist es nicht anders. Das liegt daran, dass die großen Firmen nicht mehr so viel Interesse zeigen und sich sehr zurückhalten, erklärt Peter. Gruppen, die mit vierzig Personen daherkommen, gibt es eigentlich nicht mehr. Nur Firmen können es sich leisten so ein Schiff zu chartern. Aber es sind trotzdem vor allem die Großveranstaltungen wie Kieler Woche, Hanse Sail und Hamburger Hafengeburtstag, bei denen man das meiste verdient. Die Rum Regatta in Flensburg sei nur für den Spaß, erklärt er.

Auf zu fernen Zielen

Als Peter das Schiff gerade erst zwei Jahre hatte, bekam er einen Anruf von einem anderen Skipper. Ich habe da eine Gruppe, die will zu den Färöern. Ich trau das meinem Schiff nicht zu, meinte der, aber die *Saelör* wäre doch genau richtig für so ein Unternehmen. Das sah Peter genauso.

Die Gruppe war eine Fernseh-Produktionsgesellschaft die mit Sack und Pack an Bord kam. Sie drehten einen Film über den Törn, über das Segeln zu den Färöern und über die Inseln selber. Drei Wochen waren sie unterwegs. Eine Woche hin. War ja nix Großartiges, meint der Skipper lässig. „Brunsbüttel raus, dann immer geradeaus", erklärt er. „Irgendwann zwischendurch siehst du Fair Isle wenn du zwischen den Shetlands und den Orkneys durchfährst. Dann kommt nochmal lange nix und dann kommt Torshavn." Das sind 780 Meilen. Tag und Nacht durch. Etmale von 120 bis 140 Meilen. Guter Schnitt. Sieben Tage brauchten sie, dann waren sie da. Eine Woche um die Nordinsel herum, eine Woche zurück. Auf der Rücktour ging es nicht mehr durch den Nord-Ostsee-Kanal, sondern über Skagerrak und Kattegat.

Er war mit der *Saelör* dann auch oft in Bornholm, in Göteborg und nördlich davon bis Smögen in den schwedischen Schären. Zum 100-sten Geburtstag des Schiffes sollte es nach Kragerö gehen, wo es gebaut wurde.

Kragerö liegt im Farsund in Norwegen, bei Larvik. Ein vier-Wochen-Törn war geplant und im Internet ausgeschrieben. Aber die Resonanz war karg und unbestimmt. Nach dem Motto, ja wir hätten schon vielleicht oder eventuell Lust. Eine Woche oder auch zwei. Aber es gab leider keine konkreten Anmeldungen.

Im Laufe der Jahre wuchs der Schiffsführer in die Szene der Traditionsschiffer rein. „Anfangs war ich ein absoluter Newcomer", erzählt er. „Es sind alles nette Leute. Mir ist in dieser Szene nie jemand begegnet, von dem ich gesagt hätte, ich möchte nichts mit ihm zu tun haben."

Wenn er nicht geschieden worden wäre, hätte Peter dieses ganze Abenteuer nicht gemacht, sagt er, nicht mit Frau und zwei Kindern. Der Sohn ist jetzt zweiunddreißig, die Tochter dreißig. Sie segeln gerne mit, der Sohn ist ein guter Bootsmann. Er ist auch Wirtschaftsingenieur geworden und hat schon mal mit dem Gedanken gespielt das Schiff zu übernehmen, wenn Papa keine Lust mehr hat. Der riet ihm ab. Er solle erstmal zwanzig Jahre einen ordentlichen Beruf ausüben. Und wenn er den satt hat, dann könne er sich das nochmal überlegen.

Dass sich andere ohne eine müde Mark in der Tasche, irgendein Wrack an Land gezogen und zehn Jahre daran rumgewerkelt haben, ehe sie mal losfahren konnten, kann er nicht verstehen. Er hatte sich das als Alternative auch durchgerechnet und kam ganz schnell zu dem Ergebnis, dass es viel besser sei, wenn man ein fertiges Schiff für teureres Geld kauft. Mit dem kann man gleich segeln und man spart sich die zehn Jahre, in denen man nur baut. Es hätte sich für ihn nicht gerechnet. „Ich bin

Akademiker und kein Handwerker", sagt er. „Man muss auch seine Grenzen kennen."

Als er das Schiff übernahm gab er seine Wohnung in Hamburg auf, verkaufte den nagelneuen Mercedes und schaffte sich stattdessen einen alten klapprigen VW-Bus an. Mitten im Winter 1994 zog er an Bord. Da gab es einen leistungsfähigen Ofen und jeden Tag musste er losziehen und Brennholz besorgen, damit es einigermaßen warm wurde. Eine Dusche gab es nicht, Warmwasser nur, wenn man den Teekessel aufsetzte. Heute gibt es fließend warmes Wasser und eine Zentralheizung.

Das Catering macht er längst nicht mehr selbst. In der ersten Zeit bezog er noch in allen Kojen die Betten. Jedes Mal, wenn die letzte Gruppe von Bord war, musste er Kissen und Decken abziehen, brachte alles zum Wachsalon und stopfte sieben Maschinen voll. Gewaschen, getrocknet, wieder zurück, zwölf Kojen inclusive Decken und Kopfkissen neu bezogen, Verpflegung für einen Wochentörn eingekauft.

Anfangs konnte er nur Spiegeleier, viel mehr war nicht drin. Das Kochen hat ihm die Frau von Uwe, dem Vorbesitzer, beigebracht. Sie hat ihm sehr viel geholfen und viele Tipps gegeben was man alles kochen kann.

Früher war der Hauptzweck eines Törns mit *Saelör*, nach Peters Erfahrung, möglichst viel Alkohol zu konsumieren. Das ist vorbei, sagt er. Die Gruppen, die er jetzt hat, sind alle sehr moderat. „Betrunkene habe ich an Bord seit Jahren nicht mehr gesehen. Das würde ich auch nicht mehr dulden", sagt er entschieden. Das mit der Bettwäsche hat er schon vor zehn Jahren abgeschafft. Das war das Jahr in dem die *Saelör* fast untergegangen ist.

Saelörs Untergang und Rettung

Eines Morgens, um neun Uhr, kam der Anruf. Peter, dein Schiff liegt im Gatt, also hinten tiefer im Wasser, als es gut ist. Du musst herkommen. Das war ein Pyjamastart in den Tag für Peter, der gerne lange ausschläft. Als er im Hafen ankam war schon die Feuerwehr da, wusste aber nicht, was sie tun sollten. Carsten brachte eine motorgetriebene Lenzpumpe von der *Fortuna* rüber. Damit wurde das Schiff gerade noch vor dem Untergang bewahrt.

Später auf der Werft in Arnis stellten sie fest, dass eine Plankennaht aufgegangen war. Normalerweise hätte die schiffseigne Lenzpumpe die Sache geschafft. Aber wie das so ist, war die im Laufe der Nacht wahrscheinlich immer häufiger angesprungen und hatte schließlich den Dienst eingestellt. Die zweite Lenzpumpe, eine 220-Volt-Pumpe mit Schwimmerschalter, der anspringt, wenn Wasser unter den Bodenbrettern steht, hatte einen Kurzschluss. Es war eine Verkettung unglücklicher Umstände, wie man das gerne nennt.

Die Versicherung stufte die Sache als wirtschaftlichen Totalschaden ein und zahlte die Versicherungssumme aus. Peter bekam 180.000€ und durfte das Wrack behalten. Das wollte die Versicherung nicht haben. Das Betriebszeugnis wurde eingezogen und es stellte sich für ihn die Frage, wie alles weitergehen sollte.

Das Abwracken hätte einen großen Teil des Geldes aufgefressen und er wäre ohne Job und Einkommen gewesen, denn er hätte alle Buchungen zurückzahlen müssen. Damit wären 20.000€ weggewesen. Außerdem gab es einen Vertrag mit einer Firma, der noch vier Jahre lief. Die Firma hatte

Geld für die Segel gespendet und bekam dafür jedes Jahr einige freie Chartertermine. Vertraglich war vereinbart, dass bei vorzeitiger Kündigung anteilig das Geld, das sie für die Segel gezahlt hatten, zurückzugeben sei. Das wären nochmal fast 30.000€ gewesen. Ein Darlehen hätte abgelöst werden müssen. Letztendlich wäre von der Versicherungssumme nichts übriggeblieben und Peter hätte mit zweiundsechzig Jahren vor dem Nichts gestanden. Er hatte keinen Plan B.

Und da kam ihm die Idee etwas ganz Neues auszuprobieren. Die Technische Universität Dresden hatte einen neuen Werkstoff entwickelt, den sie Textilbeton nannten. Es wurde nicht, wie bei Stahlbeton, eine Stahlarmierung in den Beton eingebracht, sondern eine Kohlefaser die speziell gewebt war und in ihren Eigenschaften denen von Stahl sogar noch überlegen sein sollte.

Er fuhr nach Dresden und traf sich mit den Fachleuten von der Uni, die das Verfahren erklärten. Die Planungen waren schon sehr weit gediehen, die Unileute waren begeistert von dem Projekt und sie saßen auf der Werft mit einem Bauunternehmer zusammen. Da wurde schon sehr im Detail geplant. Dann kam ein Kostenvoranschlag, der Peter ein wenig ins Grübeln brachte. Aber was ihn am meisten ins Grübeln brachte, war ein Anruf von Karl Becker von der See-BG Verkehr. Der sagte kurz und bündig: Wenn die *Saelör* mit Beton überzogen wird, dann bekommt sie kein Traditionsschiffs-Zeugnis mehr, denn ist das Schiff nicht mehr aus dem Originalwerkstoff gebaut. Danach war klar, dass der Betonüberzug keine sinnvolle Lösung ist

Er verhandelte erneut mit der Werft und es wurde umgeplant. Alte Planken, die irgendwie kritisch aussahen, sollten ausgetauscht werden. Alle

Planken, sollten dann neu mit den Spanten verschraubt werden. Dass hieß für jede Planke mit jedem Spant jeweils 2 Schrauben. Das waren 20.000 Schrauben. Das Schiff sah aus wie ein Igel. Außerdem wurde der Rumpf von der Kielnaht bis oben komplett neu kalfatert und die Nähte mit einem Dichtmittel vergossen.

Das Geld von der Versicherung floss komplett in die Arbeiten und das Material und ein zusätzlicher Kredit war auch noch nötig. Der Werftaufenthalt dauerte drei Monate. Es war ein sehr schneereicher Winter. Der Besanmast lag an Deck, man konnte sich kaum bewegen. Peter fuhr jeden Abend nach Hause und am nächsten Morgen ganz früh wieder nach Kiel. „Wobei für mich „früh morgens" ein sehr dehnbarer Begriff ist, wie alle, die mich kennen, wissen", erklärt der Skipper verschmitzt.

Das Einzige, was der Schiffseigner selbst machen konnte, war den Großmast zu schleifen und zu malen. Denn der lag in der Halle, man konnte von oben bis unten überall richtig ran und Peter hat ihn gründlich sieben Mal lackiert. Sah schick aus, meint er. Seitdem fährt er weiter mit der *Saelör*. Wie es weitergeht, wenn das Sicherheitszeugnis abläuft, weiß er nicht.

Neue Regeln und Zeugnisse

Als ich anfing, da gab es noch kein Sicherheitszeugnis, meint Peter. Da habe es gar nichts gegeben. Das war die große Freiheit. Man konnte so ziemlich machen, was man wollte." Natürlich sei er verantwortlich für die Leute gewesen, ergänzt er, und auch aus purem Selbsterhaltungstrieb habe er das Schiff so in Schuss gehalten, dass es auch sicher war. Aber das trauten die Behörden den Schiffseignern im Laufe der Jahre immer weniger zu, meint er, und es wurden immer mehr Vorschriften eingeführt. Der Gipfel sei die neueste Sicherheitsrichtlinie, so Peter. Über diese neuen Regeln kann er sich richtig aufregen. Er findet vieles überzogen und unrealistisch. Da die *Saelör* ein Holzschiff ist, sei es besonders schwer, die Anforderungen der Richtlinie zu erfüllen. Was die alles wollen, wäre nicht zu bezahlen, erklärt.

Was kommt nach *Saelör?*

Peter hat sein Schiff inzwischen gut verkauft. Er hat Glück gehabt. Er ist siebzig und meint, dass es Zeit für den Ruhestand sei. „Ich bin auch ganz froh, wenn ich mich dann nicht mehr um dieses Schiff kümmern muss." Lust zu segeln hat er immer noch und er ist überzeugt, dass die nie vergehen wird. Mitsegelmöglichkeiten findet er genug. Aber er möchte kein eigenes Schiff mehr haben.

Die Schiffe

ETHEL von BRIXHAM
lief 1890 in Brixham (England) als Brixham-Trawler vom Stapel und wurde zunächst in England eingesetzt. Anschließend war sie über 80 Jahre als Fischerei- und später als Frachtschiff ohne Segel in verschiedenen skandinavischen Ländern und unter verschiedenen Namen unterwegs.
Länge 30,00m; Breite 5,83m; Tiefgang 2,90m; Segelfläche 400m²

FORTUNA
wurde 1909 in den Niederlanden als reines Segelschiff zum Transport von Frachten gebaut. Sie ist ein Plattbodenschiff mit Seitenschwertern.
Länge 39,50/ 30,50m; Breite 6,20m; Tiefgang 1,70m; Segelfläche

FRITJOF NANSEN
Nach mehreren Umbauten ist das 1919 gebaute Schiff heute ein 52m langer Groß-Toppsegelschoner. Drei Masten mit bis zu 32m Höhe können eine Segelfläche von 850qm tragen.
Länge 52,00m; Breite 6,80m, Tiefgang 3,20m; Segelfläche 850m²

JONAS VON FRIEDRICHSTADT
ist ein See-Ewer. 1911 in Waterhuizen in Holland gebaut, transportierte das Plattbodenschiff bis in die 30er Jahre Ladung aller Art im Küstenbereich und zwischen den Inseln und Halligen. Sie wurde dann zum Küstenmotorschiff umgebaut und ist seit 1990 wieder unter Segeln auf der Ostsee in Fahrt.
Länge 23/31m; Breite 5,6m, Segelfläche 300m²

LABOR SANITAS

Die 1896 vom Stapel gelaufene Groninger Tjalk wurde im niederländischen Smilde als segelndes Frachtschiff gebaut. Bis in die 70iger Jahre wurde sie von der Familie Saien betrieben. Der ursprüngliche Charakter der Tjalk ist weitgehend erhalten geblieben. 1996 wurde das Schiff in den Niederlanden zu einem Charterschiff umgebaut.

Länge 23,00m; Breite 4,78m; Tiefgang 1,20m; Segelfläche 200m²

MARIA AF VON HOFF

Der hölzerner zweimastige Ewer (Besanewer) ist ein weitgehend originalgetreuer Nachbau des Fischewers *Maria*, der im Deutschen Museum in München zu sehen ist. *Maria af von Hoff* wurde 1981 gebaut. Ein Ewer ist ein kleiner aus Friesland stammender Schiffstyp mit Seitenschwertern und ohne Kiel.

Länge 19/25m, Breite 6m, Tiefgang 1,00m; Segelfläche 250m²

NOBILE

Der Rennkutter *Nobile* wurde 1919 in Lowestoft in England als Fischlogger gebaut. Das Schiff hat einen geringen Tiefgang und verfügt zum Segeln über ein Mittelschwert. Der alte Rumpf wurde 1990 in der Peenewerft in Wolgast zum Einmast-Gaffelsegler umgebaut. Eine Besonderheit ist der 22m lange Großbaum. Betrieben wird *Nobile* als Segelschulschiff von den Mitgliedern des gemeinnützigen „Fördervereins alter Traditionssegler e.V.".

Länge 22/38,5m; Breite 5,60; Segelfläche 510m²,

PETRINE

ist der einzige erhaltene deutsche See-Ewer. 1909 wurde *Petrine*, in Moorege an der Pinnau, einem Nebenfluss der Elbe, gebaut. Nach dem Dienst als Frachtsegler, Küstenmotorschiff ohne Segel und Steinfischer, wurde sie 1983 restauriert. Sie erhielt die Originalbesegelung zurück und fährt heute als gaffelgetakelter See-Ewer.

Länge: 24m/ 32m; Breite 5,60m; Tiefgang 1,80m; Segelfläche 310m²

PIPPILOTTA

wurde 1933 in Elsfleth an der Weser als Logger für die Hochseefischerei gebaut. Nach Jahren des aktiven Fischfangs diente sie in Norwegen als Frachtschiff. 1990 wurde sie zu einem traditionellen Dreimastschoner umgebaut.

Länge 43,50m; Breite 7,10m; Tiefgang 3,00m; Segelfläche 586m²

PIROLA

1910 als Logger gebaut. Die frühe Geschichte des Schiffes ist nicht belegt. Vermutlich war Pirola als Frachtensegler in küstennahen Gewässern unterwegs, 1947 zum segelnden Fischkutter umgebaut. Über Borkum, Sylt und verschiedene Eignerwechsel verkam das Schiff zum Wrack. Von 1983 bis 1990 wurde es restauriert.

Länge 18,60m; Breite 4,16m; Tiefgang 1,70m; Segelfläche 204m²

PLATESSA von Esbjerg

Platessa ist ein segelnder Haikutter, der 1935 als Fischereifahrzeug für die Nordsee gebaut wurde. 1990 bis 92 wurde sie als Segelschiff restauriert.

Länge 16m/ 25m; Breite 5,05m; Tiefgang 2,50m; Segelfläche 255m²

ROALD AMUNDSEN

Das Schiff entstand aus dem Rumpf eines alten Fischloggers, der 1992 in Wolgast zu einer Brigg umgebaut wurde. Ursprünglich war das Schiff 1952 in Roßlau an der Elbe im Rahmen einer großen Serie von Hochsee-Fischerei-Loggern gebaut worden.

Länge 49,80/40,80m; Breite 7,20m; Tiefgang 4,20m; 850m² bei 18 Segeln

Pfahlewer RONJA

Ronja wurde 1995 vom Eigner nach alten Plänen gebaut. Pfahlewer wurden durch holländische Siedler Ende des 11. Jahrhunderts in die Gebiete der Elbniederungen importiert. Vermutlich entwickelten sich die Pfahlewer aus einem dreibrettigen Kahn mit flachem Boden und der typischen Kahnplanke.

Länge 14,99m; Breite 4,6m; Tiefgang 1,0m; Segelfläche 90qm

ROLLO

ist der Nachbau der legendären Hochsee-Rettungskutter, die der norwegische Staat Ende des 19. Jahrhunderts betrieb. Konstruiert und gebaut von Collin Archer waren sie auch bei schwersten Stürmen in der Lage, in Seenot gekommenen Seglern zur Hilfe zu eilen. Rollo wurde 1993 fertiggestellt. Der Rumpf ist aus Ferrozement konstruiert.

Länge: 14,35m; Breite 4,80m; Tiefgang 2,40m; Segelfläche 250m²

RYVAR

Wurde 1916 als stählerner Segellogger in Holland gebaut. 1927 wurde die erste Maschine eingesetzt. Vermutlich ab den 60er Jahren fuhr *Ryvar* in Norwegen als Fischereifahrzeug. Der Name Ryvar stammt aus Norwegen.

Er bezeichnet einen Felsen nördlich von Haugesund, auf dem ein Leuchtturm steht.

Länge ü.a. 38,40m; Breite 6,64m; Tiefgang 2,85m; 380m² Segelfläche

SAELÖR

wurde 1917 in Norwegen nach Plänen des Konstrukteurs Colin Archer als Frachtsegelschiff konstruiert und unter dem Namen *Sæløer*, benannt nach den Seehundsinseln, eine im Süden Norwegens liegende Inselgruppe, in Fahrt gebracht. Anfang der 1980er Jahre wurde das Schiff nach Originalplänen des Norsk Maritimt Museum (Norwegisches Maritimes Museum) von mehreren dänischen Werften originalgetreu restauriert.

Länge 26,00m; Breite 6,67m; Tiefgang 2,65m; Segelfäche 210m²

SIGANDOR

Das Segelschiff wurde 1909 als Frachtensegler gebaut und ist als Traditionssegler in der dänischen Südsee unterwegs.

Länge 36m; Breite 5,50m; Segelfläche 400m²

THOR HEYERDAL

Der Toppsegelschoner wurde 1930 als Frachtmotorsegler in Westerbroek/Holland gebaut und fuhr nach 1945 als Küstenmotorschiff. Von 1979 bis 1983 wurde es mit Hilfe der Howaldtswerke-Deutsche Werft in Kiel sowie vielen freiwilligen Helfern in ein Segelschiff umgebaut.

Länge 49,83m; Breite 6,53m; Tiefgang 2,90m; Segelfläche 830m²